Inhaltsverzeichnis

Vorwort 2

Vorbemerkungen und Arbeitshinweise 3

Bildungsbereiche

- Sprachliche Bildung 10
- Musikalische Bildung 17
- Ästhetische Erziehung 20
- Umwelt-, Sach- und Naturbegegnung 25
- Gesundheit und Ernährung 32
- Mathematische Bildung 36
- Feste und Feiern 40
- Wahrnehmung und Entspannung 44
- Körpererfahrung und Bewegung 48
- Sozialerfahrungen 52

Vorwort

Liebe Erzieher*innen,

Müll ist nach wie vor eines der drängendsten Umweltprobleme des 21. Jahrhunderts: Riesige Teppiche aus Plastikmüll treiben auf den Meeren und bedrohen die Ökosysteme. Kleine Plastikteilchen werden von Meerestieren verschluckt und führen zu deren Tod. Oder sie gelangen in die Nahrungskette – und somit auch auf unseren Teller.

Durchschnittlich produziert jeder Deutsche im Haushalt 433 kg Müll. Dies ist den Konsumgewohnheiten unserer Wegwerfgesellschaft geschuldet: Ständig werden alte Dinge, die eigentlich noch gut funktionieren, gegen neue ausgetauscht. Die Politik steuert inzwischen teilweise dagegen, in vielen Bereichen aber auch nicht. Denn ansteigender Konsum lässt die Wirtschaft wachsen.

Auch kleine Kinder sind große Konsumenten: Sie lieben buntes, ihre Fantasie und Kreativität förderndes Spielzeug wie Lego® oder Playmobil®, das meistens aus Plastik ist. Plastik ist stabil, gut formbar und günstig zu produzieren. Allerdings wird es in der Umwelt nicht oder nur in unvorstellbar langen Zeiträumen zersetzt, das heißt von Mikroorganismen abgebaut. Viele Gegenstände aus Plastik enthalten darüber hinaus chemische Stoffe, die mit der Zeit entweichen und insbesondere für Kinder schädlich sind. Hinzu kommt, dass ungeheure Mengen von Plastikabfällen die Weltmeere verschmutzen. Von daher ist es am besten, möglichst auf Plastik zu verzichten – was allerdings in unserer Lebensumwelt schlichtweg unmöglich ist. Allerdings tragen auch viele kleine Schritte dazu bei, die Umwelt zu schützen. Durch die Entscheidung vieler Supermärkte und Kaufhäuser, Plastiktüten nicht mehr kostenlos, sondern nur noch gegen eine Gebühr abzugeben, ist die Zahl an Plastiktüten in den letzten Jahren deutlich zurückgegangen. Und seit 2022 sind die herkömmlichen Plastiktüten zum Einkaufen per Gesetz verboten.

Aber auch jeder Einzelne kann etwas tun: Neben einem verantwortungsvollen, umweltbewussten Konsumverhalten können viele Wertstoffe getrennt und recycelt werden. Deshalb sollten zum Beispiel Glas und Papier in separaten Sammelbehältern entsorgt werden. So werden Ressourcen gespart und die Menge an Restmüll (der in der Regel verbrannt wird) wird reduziert. Die Mülltrennung lässt sich auch schon mit Kindergartenkindern gut üben – und fördert die Bildung eines ersten Umweltbewusstseins.

Die Kinder setzen sich in diesem Projekt mit vielen Aspekten rund um das Thema „Müll“ im Sinne der Umwelterziehung auseinander: Sie lernen zum Beispiel, was sie mit alten Dingen noch alles machen können, wie sie die Abfälle in die richtige Tonne einsortieren und wie sie Müll vermeiden können. Und natürlich erfahren sie auch jede Menge rund um die spannende Arbeit der Müllabfuhr!
Viele Tipps und Hinweise, wie Sie Ihre Einrichtung „müllärmer“ und somit umweltfreundlicher gestalten können, runden das Projekt ab.

In diesem Sinne wünsche ich Ihnen und Ihren Kindern ein erfolgreiches Projekt rund um das Thema „Müll“!

Teresa Zabori

Hinweis:
Aus Gründen der besseren Lesbarkeit wird im Folgenden auf eine sprachliche Differenzierung der Geschlechterbezeichnungen verzichtet. Da die Erzieher*innen in Kindertagesstätten zumeist weiblich sind, haben wir uns hier für die weibliche Form entschieden. Selbstverständlich sind stets alle Geschlechter angesprochen.

Vorbemerkungen und Arbeitshinweise

Zu den verwendeten Symbolen

Bildungsbereiche (jeweils das äußerste Symbol oben rechts auf den Arbeitsblättern):

 Sprachliche Bildung

 Musikalische Bildung

 Ästhetische Erziehung

 Umwelt-, Sach- und Naturbegegnung

 Gesundheit und Ernährung

Mathematische Bildung

Feste und Feiern

Wahrnehmung und Entspannung

 Körpererfahrung und Bewegung

 Sozialerfahrungen

Sonstige Symbole:

 geeignet für die Begabtenförderung

 für unter 3-Jährige geeignet

Layout:

- Die Seiten mit dem **Müllwerker** im Layout unten rechts sind für die Erzieherin gedacht.

- Die Seiten mit dem **Müllwagen** unten rechts sind Arbeitsblätter, die direkt mit den Kindern bearbeitet werden können.

Wissenswertes zum Thema „Müll“

Kleine Geschichte der Müllentsorgung

Müll gibt es schon so lange, wie es Menschen gibt. Bereits die Steinzeitmenschen legten Abfallhaufen oder -gruben an, in denen sie ihre Abfälle entsorgten. Damals war Müll noch kein Problem, denn das Land war nur dünn besiedelt und jede Menge Platz vorhanden.

Mit dem zunehmenden Städtewachstum im Mittelalter nahm auch das Problem der Müllentsorgung zu. In den Städten wurden jegliche Abfälle ebenso wie Fäkalien einfach auf großen Haufen vor den Häusern aufgeschichtet. Der Hamburger Amtsarzt Johannes Bökel schrieb Ende des 16. Jahrhunderts über seine Stadt, dass diese „faulet, stinket, also eine böse, faule Luft machet“. Aufgrund der katastrophalen hygienischen Verhältnisse brachen immer wieder schlimme Seuchen aus, wie zum Beispiel die Pest oder Cholera. Erst als man den Zusammenhang zwischen dem Unrat am Straßenrand und dem Ausbrechen der Krankheiten begriff, wurde in vielen deutschen Städten eine erste „Müllabfuhr“ eingerichtet. Die Abfälle wurden auf Karren aus der Stadt gebracht und auf den Feldern als Dünger verstreut.

Mit der zunehmenden Industrialisierung änderte sich im 19. Jahrhundert die Zusammensetzung des Mülls. Vor allem Schwermetalle und chemische Abfallprodukte fielen bei den industriellen Prozessen an – diese wurden auf Halden und Deponien außerhalb der Städte aufgeschichtet. Auf sogenannten „Restmülldeponien“ wurde bis in die 1970er Jahre jeglicher Müll aufgebracht, ganz egal ob es sich um Hausmüll, chemische Abfälle oder anderen Müll handelte. Noch heute stellen diese Deponien für die in der Umgebung lebenden Menschen ein Risiko dar, denn der Regen kann giftige Stoffe auswaschen und diese können das Grundwasser verseuchen. Außerdem können Gase austreten und zu Explosionen führen. Erst in den 1980er Jahren wurde vorgeschrieben, dass Deponien abgedichtet werden müssen.

Aufgrund dieser Problematik, dem immer kleiner werdenden Platz für neue Halden und der immer weiter wachsenden Abfallmenge begann man zunehmend, den Müll zu verbrennen. Fast der komplette Restmüll und auch ein großer Teil des Abfalls aus der gelben Tonne bzw. dem gelben Sack werden heute in Müllverbrennungsanlagen entsorgt.

Was passiert mit unserem Müll?

Glas

Flaschen, Marmeladengläser und Co. aus dem Glascontainer werden in einer Aufbereitungsanlage zerkleinert, gewaschen und von ihren Etiketten befreit. Nach Farben getrennt wird das Glas anschließend eingeschmolzen und dann zu neuen Flaschen geformt. Mehrwegflaschen aus Glas werden gereinigt und wieder befüllt. Da sie nicht eingeschmolzen werden, ist ihre Benutzung ökologisch sinnvoller. Eine Mehrwegflasche aus Glas kann bis zu 50-mal wiederverwendet werden.

Papier

In der Verwertungsanlage wird das Papier zunächst sortiert: Dunkles Papier, wie zum Beispiel von Kartons, wird zur Herstellung von neuen Kartons und von Wellpappe verwendet. Vollständig bedruckte Papiere wie Poster werden aussortiert; nicht vollkommen flächig bedruckte Papiere werden zum Beispiel zu Druck- und Kopierpapier weiterverarbeitet. Dazu werden sie zunächst zerkleinert und mit Wasser vermischt. In einer großen Trommel werden noch vorhandene Fremdkörper wie Büroklammern und Tackernadeln entfernt. Anschließend werden in der sogenannten „De-inking“-Maschine die Druckerfarben ausgewaschen. Dazu wird ein Mittel in das Papierwasser gegeben, das die Farbe löst. Von unten wird Luft in den Brei geblasen. An die aufsteigenden Luftblasen haften sich die Farbteilchen an und treiben als bunter Schaum auf dem Wasser. Der Farbschaum wird abgeschöpft und die Papierfasern auf breiten Bahnen vom Wasser befreit und getrocknet. Fertig ist das Recyclingpapier!
Recyclingpapier weist heute eine sehr gute Qualität auf und ist viel umweltfreundlicher als herkömmliches Papier, für das Wälder abgeholzt, Chemikalien freigesetzt und Unmengen an Energie und Wasser verbraucht werden. Von daher sollte es beim Einkauf immer die erste Wahl sein. Sehr zu empfehlen ist Papier mit dem Siegel „Blauer Engel“.

Verpackungen (gelbe Tonne / gelber Sack / Wertstofftonne)

In die gelbe Tonne gelangen ganz unterschiedliche Verpackungen: Manche bestehen aus Plastik, andere aus Metallen und bei wiederum anderen handelt es sich um sogenannte „Verbundverpackungen“ (wie z. B. Milchtüten). Da Verpackungen oft aus mehreren Materialien bestehen, ist die Trennung sehr aufwändig. Der Müll aus der gelben Tonne wird in einer Anlage zunächst per Hand oder mit großen Maschinen in die ursprünglichen Bestandteile sortiert. Stoffe, die weitertransportiert werden sollen, werden in große Ballen gepresst. Diese werden zum Teil ins Ausland exportiert. Nachdem das Plastik geschreddert und gewaschen wurde, werden aus ihm neue Gegenstände wie zum Beispiel Kisten oder Regentonnen hergestellt. Allerdings ist die Qualität des „recycelten“ Plastiks nicht so gut wie die der ursprünglichen Plastikgegenstände. Aus dem neuen Plastik können keine Lebensmittelverpackungen mehr hergestellt werden.
Neben dem Recycling wird ein großer Teil des Mülls aus der gelben Tonne auch verbrannt. In Zementwerken dient der Plastikmüll beispielsweise als Ersatzbrennstoff für Kohle. Mit der in Müllverbrennungsanlagen erzeugten Hitze können auch Strom und Wärme für die Bevölkerung erzeugt werden. In einigen Kommunen gibt es statt der gelben Tonne/dem gelben Sack inzwischen Wertstofftonnen. Dort können außer Verpackungen auch andere Produkte aus Plastik, Metallen oder Verbundstoffen entsorgt werden, zum Beispiel alte Zahnbürsten, Gießkannen, Töpfe, Werkzeug oder Spielzeug.

Restmüll

Alle brennbaren Dinge, die in der Restmülltonne landen, werden in der Regel verbrannt. Dadurch werden zwar neue große Deponien vermieden, allerdings fördert dies auch die Luftverschmutzung. Der größte Teil der Brandrückstände (Aschen) wird zumeist deponiert, nur ein kleiner Teil (die Schlacken) können zum Straßenbau verwendet werden. Wenn man bedenkt, wie viel Energie und Rohstoffe für die Produktion von bestimmten Gegenständen notwendig sind (ganz abgesehen von den dabei anfallenden Schadstoffen), wird deutlich, dass man wirklich nur den Müll in die Restmülltonne werfen sollte, der sich nicht wiederverwerten lässt oder anderswertig genutzt werden könnte.

Vorbemerkungen und Arbeitshinweise

Biomüll
Der Inhalt der Biotonne wird in eine Kompostieranlage gebracht. In speziellen Boxen verrotten dort die Küchen- und Gartenabfälle. Wenn die Kompostierung abgeschlossen ist, werden die Abfälle als Naturdünger für den Garten und die Landwirtschaft verkauft.
Zum Teil wird mit dem Biomüll auch Biogas produziert. Mit diesem werden Wärme und Strom erzeugt.

Was gehört in welche Tonne?

Papiertonne: z. B. Briefumschläge, Zeitungen, Zeitschriften, Kataloge, saubere Papiertüten, Schreibpapier, Kartons, Hefte, Bücher ohne Kunststoffeinband, Packpapier

Biotonne / Komposthaufen: z. B. Obst- und Gemüsereste bzw. -schalen, Eierschalen, Teebeutel, Kaffeefilter, ungekochte und ungesüßte Speisen, Blumenerde, Grünschnitt, altes Laub, Unkraut, Küchenkrepp

Gelbe Tonne / Gelber Sack: Verpackungen aus Kunststoff, wie z. B. leere Margarinedosen, Joghurtbecher, Zahnpastatuben, Einwickelfolien, Spülmittelflaschen; Verpackungen aus Metall, wie z. B. Konservendosen, Kronkorken, Alufolie, Verschlüsse von Gläsern und Flaschen; Verbundverpackungen, wie z. B. Saft- und Milchkartons oder Kaffee-Vakuumverpackungen
Achtung: Hier gibt es große regionale Unterschiede! Sehen Sie am besten im Abfallkalender Ihrer Kommune nach.

Wertstofftonne: neben Verpackungen aus Kunststoffen, Metallen und Verbundstoffen (s. o.) auch sonstige Gegenstände, die aus diesen Materialien bestehen, wie z. B. Zahnbürsten, Kochtöpfe, Spielzeug, Werkzeug, Schrauben, Kleiderbügel, Gießkannen

Restmülltonne: z. B. Stifte, Windeln, Kerzenstummel, Pflaster, Regenschirme, Kugelschreiber, Pinsel, gekochte Speisereste, Taschentücher, Fotos, Feuerzeuge, Kaugummi, Leder, Knochen, Putzlappen, Tapetenreste, kaputtes Geschirr, Trinkgläser, Staubsaugerbeutel, Backpapier

Einkauf-Tipps
- Recyclingpapier mit dem Siegel „Blauer Engel“ statt herkömmliches Papier verwenden
- Obst, Gemüse & Co. ohne Plastikverpackung kaufen, stattdessen in Einkaufsbeutel oder -tasche transportieren
- überflüssige Verpackungen im Geschäft lassen
- Getränke in Pfandflaschen aus Glas kaufen. Wenn Plastikflaschen gekauft werden, dann bitte darauf achten, dass es sich um Mehrwegflaschen und nicht um Einwegflaschen handelt. Bei Letzteren handelt es sich zwar ebenfalls um Pfandflaschen, aber sie können nicht wiederbefüllt werden, sondern werden geschreddert.
- Brot in Papier verpackt statt in Plastiktüten kaufen
- nur Buntstifte, keine Filzstifte verwenden
- Akkus statt Batterien nutzen

Allgemeine Hinweise zur Organisation und Durchführung

Eltern-Info-Veranstaltung
Gerade bei dem Thema „Müll“ ist eine gute Einbindung der Eltern wichtig, damit die Umwelterziehung den gewünschten Erfolg bringt. Auf einem Elternabend sollte das Thema vorgestellt und die Eltern sollten mit den wichtigsten Hintergrundinformationen zur Mülltrennung und -vermeidung vertraut gemacht werden. Dabei bietet es sich an, auch über ein „müllarmes“ Frühstück zu sprechen. Wenn die Kinder ein Frühstück mit in die Kita bringen, sollten die Eltern Folgendes beachten:
- Getränke in wiederverwendbaren Trinkflaschen mitbringen (keine Trinkpäckchen oder Einweg- / Mehrweg-

plastikflaschen)
- Brote in Butterbrotdosen einpacken (ohne Frischhalte- oder Alufolie)

Für das Frühstück, falls es von der Kita organisiert wird, gilt:
- Brot in der Papiertüte beim Bäcker kaufen
- Wurst vom Metzger mitbringen (= weniger Verpackungsmaterial)
- Marmelade / Honig in großen Gläsern und nicht in kleinen Plastikdosen kaufen
- Leitungswasser hat fast überall eine gute Qualität und kommt ganz ohne Verpackung aus
- Mineralwasser und Milch aus Mehrwegflaschen anbieten

Dokumentation für die Eltern

Für die Kinder und Eltern ist es schön, wenn während des Projektes Fotos der Kinder mit einem kurzen Begleittext regelmäßig an eine Pinnwand gehängt werden. So sind auch die Eltern immer darüber informiert, was die Kinder gemacht haben.

Ideen und Aktionen rund um das Thema „Müll“

Einstieg: Der Müllberg

Sammeln Sie über einen bestimmten Zeitraum (z. B. eine Woche lang) den Müll (außer Speiseresten), der in der Kita entsteht. Im Außengelände wird dieser dann auf einer Plane zu einem großen Berg aufgehäuft. Die Kinder betrachten den „Müllberg“ und äußern dazu spontan ihre Gedanken. Sicher wird es sie überraschen, dass sie so viel Müll verursacht haben. Ausgehend von dem Müllberg können alle gemeinsam überlegen, warum es nicht so toll ist, so viel Müll zu produzieren. Vielleicht haben die Kinder auch schon einige Ideen, wie man vermeiden kann, dass so viele Dinge auf dem Müll landen (z. B. Papier öfter verwenden bzw. Vorder- und Rückseiten bemalen, aus einigen Dingen noch etwas basteln, Sachen reparieren, Lebensmittel mit weniger Verpackung kaufen ...).
Anschließend können Sie mit den Kindern besprechen, welcher Müll in welche Tonne gehört. Dafür sollten Sie mit eindeutigen Schildern beklebte Mülleimer (z. B. von S. 28 oder S. 29) sowie Handschuhe für die Kinder bereitstellen. Im Anschluss versuchen die Kinder gemeinsam mit den Erzieherinnen, den Müll in die richtigen Mülleimer einzusortieren.

Aktionswoche: Wir spielen mit Müll

Im Rahmen einer Aktionswoche kann das Spielzeug einmal komplett aus der Kita verbannt werden. Die Kinder bringen von zu Hause alte Zeitungen, Papprollen, Plastikflaschen, leere Joghurtbecher, Stoffreste und andere Dinge mit, die nicht mehr gebraucht werden. Dieser Müll dient während der ganzen Woche als Spielzeug. Aus ihm können zum Beispiel Verkleidungen (Zeitungshut), Spielsachen (Puppenhäuser), Musikinstrumente (Trommeln) und vieles mehr gebastelt werden. Lassen Sie der Fantasie der Kinder freien Lauf! Sie werden überrascht sein, wie wenig die Kinder die „echten“ Spielsachen in dieser Zeit vermissen.

Ausflug zu einer Müllverbrennungsanlage, Mülldeponie oder zu einem Recyclinghof

Informationen zu Angeboten für Kindertagesstätten finden Sie in der Regel online auf der Website des Müllentsorgungsbetriebs Ihrer Kommune.

Aktionstag: Wir räumen den Müll weg!

Die Kinder begeben sich gemeinsam mit den Erzieherinnen (und ggf. auch mit einigen Eltern) in der Nähe der Kita (z. B. auf einem Spielplatz) auf die Suche nach Müll und sammeln diesen ein.
Tipp: Fragen Sie bei der Lokalpresse nach, ob sie darüber berichten möchte. Damit können Sie zum einen das Müll-Projekt der Kita öffentlich vorstellen und zum anderen auf Missstände in der nahen Spielumgebung der Kinder aufmerksam machen.

Vorbemerkungen und Arbeitshinweise

Müll-Ausstellung

Im Rahmen einer Ausstellung können die Kinder ihre aus leeren Verpackungen, alten Zeitungen etc. gebastelten Kunstwerke präsentieren. Eventuell können diese verkauft und das Geld für einen guten Zweck gespendet werden. Zum Beispiel an eine Organisation, die Kinder unterstützt, die auf Müllbergen leben oder anderweitig in Not sind, wie die Kindernothilfe *(www.kindernothilfe.de).*

Flohmarkt / Spielzeug-Tauschbörse

Auf einem Flohmarkt können die Kinder gemeinsam mit ihren Eltern alte Kleidung oder nicht mehr gebrauchtes Spielzeug verkaufen oder tauschen.

Wir kaufen ein

Kaufen Sie mit einigen Kindern die gleichen Lebensmittel an unterschiedlichen Orten (z. B. Wochenmarkt, Hofladen, Obstladen, kleinere inhabergeführte Lebensmittelgeschäfte, Bioladen, konventioneller Supermarkt, Discounter, Unverpackt-Laden) ein. In der Kita werden die Verpackungen verglichen: In welchen Geschäften haben die Lebensmittel viel unnötigen Verpackungsmüll? Wo werden die Nahrungsmittel ohne Verpackung verkauft? In welchen Geschäften kann man umweltfreundlicher einkaufen? Die Ergebnisse können die Kinder auf Plakaten festhalten, indem sie den Verpackungsmüll dort aufkleben oder aufmalen.

Wo werden Flaschen, Kleidungsstücke und Batterien entsorgt?

Einige Müllsorten werden außerhalb der Kita entsorgt. Da die Kinder oft im unmittelbaren Einzugsgebiet wohnen, sollten sie erfahren, wohin Flaschen & Co. gebracht werden müssen, damit sie von den entsprechenden Fahrzeugen abgeholt werden.
Sammeln Sie mit den Kindern über einen gewissen Zeitraum Glas- und Plastikflaschen, alte Kleidungsstücke (von zu Hause), Batterien und ggf. Papiermüll. Diese werden anschließend gemeinsam mit den Kindern zum Glas-, Altpapier- und Kleidungscontainer sowie zur Batterien-Sammelbox in einem Supermarkt gebracht. Einweg- und Mehrwegpfandflaschen können in einem Flaschenautomaten in einem Supermarkt entsorgt werden. Fragen Sie die Mitarbeiter, ob die Kinder einen Blick „hinter die Kulissen" werfen und sehen dürfen, wie die Flaschen sortiert werden. Besonders spannend ist es für die Kinder natürlich auch, wenn sie zuschauen können, wie die Glas-, Papier- und Altkleidercontainer von großen Fahrzeugen mit Hebearmen entleert werden.

Die Reparatur-Werkstatt

Richten Sie einen bestimmten Termin (z. B. einmal im Monat) ein, an dem die Kinder kaputte Spielsachen, Kleidung, Bücher u. Ä. mitbringen können. In der Reparatur-Werkstatt werden die Dinge unter der fachkundigen Hilfe von Erzieherinnen oder Eltern wieder zusammengeflickt, sodass sie weiterhin verwendet werden können.

Ideen und Tipps für die Gestaltung des Gruppenraumes

Bilder für die Mülleimer

An den Mülleimern werden für alle Kinder gut sichtbar Schilder mit den unterschiedlichen Müllarten befestigt, zum Beispiel können auf die Biomülltonne Äpfel, Eier oder Kartoffelschalen gemalt oder geklebt werden, auf die gelbe Tonne leere Dosen, Plastikpackungen und Milchtüten, auf den Papierkorb Blätter sowie Zeitungen und auf die Restmülltonne zerbrochene Stifte o. Ä. Hierfür eignen sich die Bilder von Seite 28.

Collage aus Verpackungen

Sammeln Sie eine Zeit lang Verpackungen, die vom Frühstück oder einer Zwischenmahlzeit übrigbleiben. Aus ihnen können die Kinder auf großen Papp- oder Papierbögen Collagen erstellen, die im Gruppenraum aufgehängt werden können. Alternativ können aus den Verpackungen auch „Müll-Ketten" gebastelt werden, die in den Gruppenraum, Flur o. Ä. gehängt werden. Die Collagen bzw. Verpackungs-Ketten stellen auch für die Eltern einen Appell dar, ihr Einkaufsverhalten kritisch zu hinterfragen und „müllärmer" einzukaufen.

Vorbemerkungen und Arbeitshinweise

Literaturhinweise und Internetadressen
Zu dem Thema „Müll“ gibt es viele schöne Bilder- und Sachbücher. Diese können in einer Bücherecke bereitgestellt werden, in der die Kinder während des Projekts immer wieder stöbern können. Vielerorts kann auch bei der kommunalen Abfallberatung oder der Stadtbücherei kostenlos ein Medienpaket mit Büchern, CDs und Spielen rund um das Thema „Müll“ ausgeliehen werden.

Bilderbücher
- Dietl, Erhard: Die Olchis (mehrere Bände, witzige Geschichten über grüne Monster, die auf einer Müllkippe leben und sich von Müll ernähren). Verlag Friedrich Oetinger.
- Freitag, Stefanie: Müllkuddel trennt Müll. klein & groß Verlag, 2021.
- Rosenbaum, Michaela: Sophia & Paul – Zu viel Müll. Windy Verlag, 2020.

Sachbücher
- Mehrere Bände der Reihe Wieso? Weshalb? Warum? junior Bd. 16: Die Müllabfuhr; Bd. 74: Die Müllfahrzeuge und Wieso? Weshalb? Warum? Bd. 74: Rund um den Müll. Ravensburger, 2006/2023.
- Frag doch mal ... die Maus. Müllabfuhr und Recycling. Erstes Sachwissen. Carlsen 2023.

Internetadressen
- *www.kita21.de*
- *www.prokita-portal.de/bildungsangebote* → Müll
- *www.papierwende-berlin.de*

Tipps und Anregungen zu den einzelnen Angeboten

In dieser Projektmappe sind die Angebote verschiedenen Bildungsbereichen zugeordnet. Oftmals decken sie jedoch mehrere Bildungsbereiche gleichzeitig ab.

Zum Umgang mit den Arbeitsblättern
Diese Projektmappe enthält einige Arbeitsblätter, deren Aufgabenstellung Sie mit den Kindern in Kleingruppen besprechen oder vorlesen müssen. Für die Aufbewahrung der Arbeitsblätter empfehle ich, je nach Gruppensituation und organisatorischen Bedingungen, verschiedene Möglichkeiten:
- Ablagefächer (alternativ unifarben gestaltete Deckel von Kopierpapierkartons): Die Kinder haben so freien Zugriff auf die darin sortierten Arbeitsblätter und können ihre Aufgaben selbst auswählen.
- Jedes Kind verfügt über einen weiteren Schnellhefter, in den die Erzieherin regelmäßig nach Alter und Entwicklungsstand ausgewählte Arbeitsblätter (z. B. zwei Arbeitsblätter pro Woche) einheftet oder diese gemeinsam mit dem Kind aussucht. Die Kinder wählen die Zeit zur Bearbeitung entweder frei oder es gibt festgelegte Zeiten, innerhalb derer ein Kind seine Arbeitsblätter bearbeiten kann.
- Die fertiggestellten Arbeitsblätter werden im Schnellhefter oder in einer Sammelmappe/einem Sammelordner abgeheftet bzw. gehören als Anlage zur Bildungsdokumentation oder zum Portfolio.
- Es empfiehlt sich außerdem, einen schön gestalteten Schuhkarton für andere gefertigte Objekte anzulegen.

Zu „Abzählvers: Mülltrennung“, S. 13:
Die Farben der Tonnen bzw. der Behältnisse für die verschiedenen Müllarten müssen ggf. an die Gegebenheiten in Ihrem Ort/Bundesland angepasst werden.

Allgemeine Informationen zu den Bastelarbeiten im Bereich „Ästhetische Erziehung“, ab S. 20:
Fotografieren Sie die Materialzusammenstellung und jeden einzelnen Arbeitsschritt. Kleben Sie die ausgedruckten Fotos mit der dazugehörigen schriftlichen Arbeitsanweisung auf DIN-A5-Karten, nummerieren Sie die Karten in der richtigen Reihenfolge und laminieren Sie diese. So erhalten Sie bebilderte Karten, die Ihre Kinder zum selbstständigen Arbeiten motivieren. Kinder niemals mit dem Cuttermesser allein arbeiten lassen! Nach Möglichkeit sollten Erwachsene diese Schneidearbeiten erledigen.

Vorbemerkungen und Arbeitshinweise

Zu „Was kommt in welche Tonne?“, S. 26:
Damit die Kinder die einzelnen Gegenstände den richtigen Müllbehältern zuordnen können, müssen sie über ein gewisses Vorwissen verfügen. Es bietet sich an, zum Beispiel vorab unterschiedliche Müllsorten auf einer Plane im Sitzkreis auszubreiten, diese die Kinder nach den verschiedenen Materialien sortieren und anschließend in die „echten“ Mülleimer sortieren zu lassen. Im Anschluss können sie dann ihr Wissen mit Hilfe der Kopiervorlage festigen.

Zu „Spiel: Wir sortieren den Müll richtig“, S. 30:
Die Farben der Müllbehältnisse sind nicht in allen Kommunen gleich. Bitte passen Sie ggf. die Farben der Schilder an.

Zu den Rezepten im Bereich „Gesundheit und Ernährung“, ab S. 32:
Zu den Rezepten finden Sie auf der Seite 35 Bilder mit allen bei diesen Rezepten verwendeten Zutaten und Haushaltsgeräten sowie Pfeilen, mit deren Hilfe Sie die Rezepte bei Bedarf als großes Plakat gestalten können. Vergrößern Sie dazu die benötigten Zeichnungen auf dem Kopierer. Mit den vorhandenen Bildern können Sie auch Bildrezepte auf einem DIN-A4-Blatt erstellen, für jedes Kind kopieren und in einem Schnellhefter sammeln. So erhalten die Kinder eine eigene Bild-Rezepte-Mappe.
Achtung: Bitte achten Sie bei allen Rezepten auf eventuelle Lebensmittelunverträglichkeiten der Kinder.

Zu „Wir wiegen den Müll“, S. 39:
Zum Thema „Müllwiegen“ bietet sich ein alternatives Angebot an. Hierzu werden die Müllsorten über eine gewisse Zeit in der Kita gesammelt und (z. B. nach einer Woche) gemeinsam mit den Kindern gewogen. Die Zahlen werden notiert. Gemeinsam mit den Kindern überlegen die Erzieherinnen, was sie tun können, um in der nächsten Woche weniger Müll zu produzieren (Tipps dazu finden Sie auf S. 5/6). Am Ende der folgenden Woche wird der Müll wiederum gewogen und die Kinder vergleichen die Zahlen: Haben sie ihr Ziel, weniger Müll zu produzieren, in allen Bereichen erreicht? Oder lässt sich noch etwas verbessern?

Zu „Ein Abschlussfest zum Projektthema ‚Müll‘“, ab S. 40:
Die Einladungskarte (s. S. 41) kann auch aus den selbstgeschöpften Papieren der Kinder (s. S. 22) hergestellt werden.

Warum dürfen wir Müll nicht einfach wegwerfen? (ab 2 Jahren)

Material:
Kopiervorlage „Warum dürfen wir Müll nicht einfach wegwerfen?“ (s. S. 11), Buntstifte, 1 Schere, ggf. 1 Laminiergerät und -folie

Vorbereitung:
Die Bilder werden kopiert, bunt angemalt, ausgeschnitten und ggf. laminiert.

Spielmöglichkeit:
Die Kinder sehen sich die Bilder genau an und erzählen spontan, was auf ihnen zu sehen ist. Dabei sollten sie möglichst in ganzen Sätzen sprechen.
Sie können ihnen dazu zum Beispiel die folgenden Fragen stellen:

zu Bild 1 (verschmutztes Meer):
- Welche Tiere seht ihr auf dem Bild?
- Was machen die Tiere?
- Geht es den Tieren gut?
- Schwimmt der Junge gerne im Meer?
- Was gefällt ihm nicht?
- Findet ihr das Bild schön? Warum (nicht)?

zu Bild 2 (verschmutzter Wald):
- Was haben die Menschen alles weggeworfen? Wie heißen die Gegenstände?
- Was macht das Reh? Kann das Reh vom Trinken krank werden?
- Finden die Kinder das gut, was sie sehen? Warum (nicht)?
- Warum darf man keinen Müll in den Wald werfen?

zu Bild 3 (Bananenschale):
- Was seht ihr auf dem Bild?
- Was glaubt ihr, was dem Kind passiert? Tut es sich weh?
- Warum liegt dort eine Bananenschale?
- Wohin gehört die Bananenschale?

zu Bild 4 (Spielplatz):
- Welchen Müll könnt ihr auf dem Bild erkennen?
- Macht dem Jungen das Spielen hier Spaß? Warum (nicht)?
- Was kann hier alles passieren?
- Habt ihr schon einmal erlebt, dass euer Spielplatz voller Müll war?
- Was könnt ihr dagegen tun, dass die Menschen so viel Müll auf den Spielplatz werfen?

Nachdem alle Bilder gemeinsam betrachtet und besprochen wurden, können die Kinder ein großes Plakat mit der Überschrift „Darum werfen wir Müll in den Mülleimer“ gestalten, auf das die Bildkarten geklebt werden. Die Erzieherin kann dazu die Kommentare der Kinder aufschreiben, wie zum Beispiel „Müll stinkt.“, „Müll macht Tiere krank.“ oder „An Müll kann man sich verletzen.“
Ausgehend von Bild 4 können die Kinder gemeinsam mit der Erzieherin überlegen, was sie tun können, damit ihr Spielplatz sauber bleibt (z. B. einen Brief dort aufhängen o. Ä.).

BVK • Teresa Zabori: Kita aktiv „Projektmappe Müll“

Kopiervorlage zu
„Warum dürfen wir Müll nicht einfach wegwerfen?“ (ab 2 Jahren)

Die Müllabfuhr (ab 3 Jahren)

Male alle Dinge an, die die Müllwerker brauchen.

Wie heißen diese Dinge?

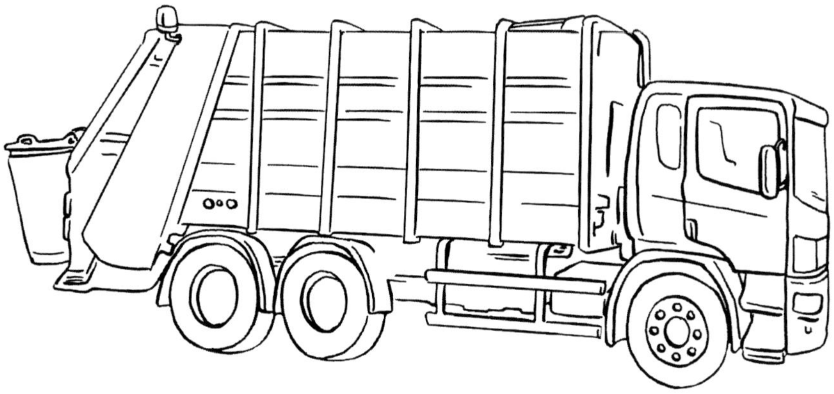

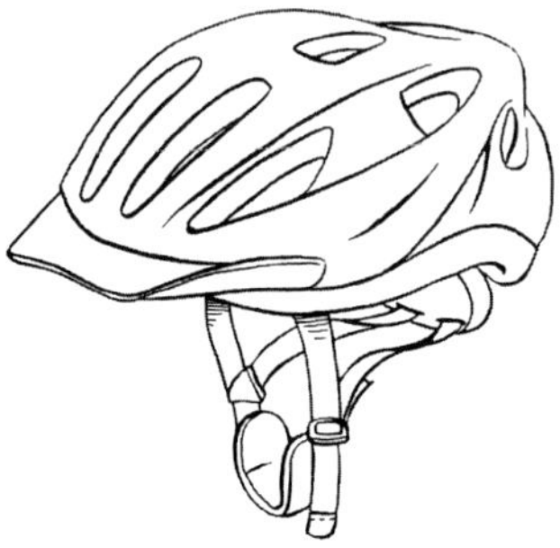

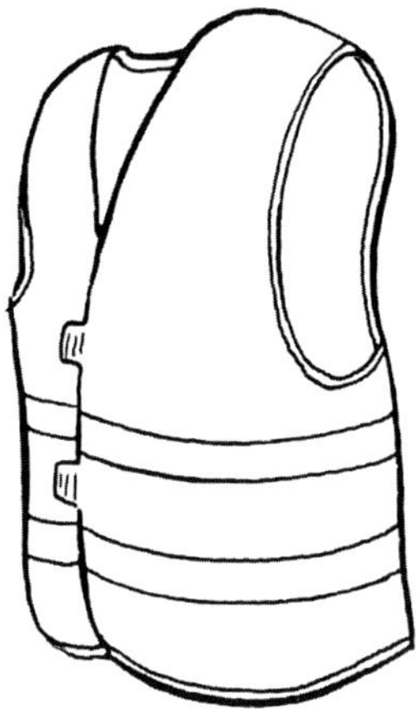

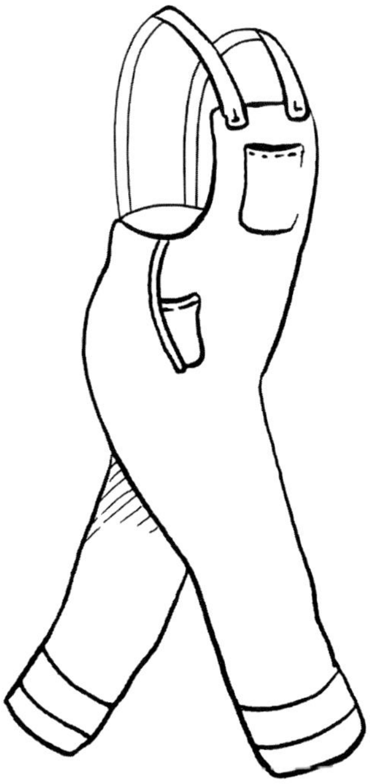

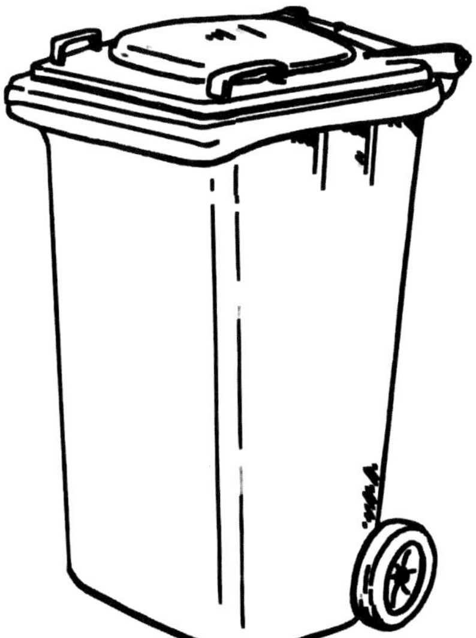

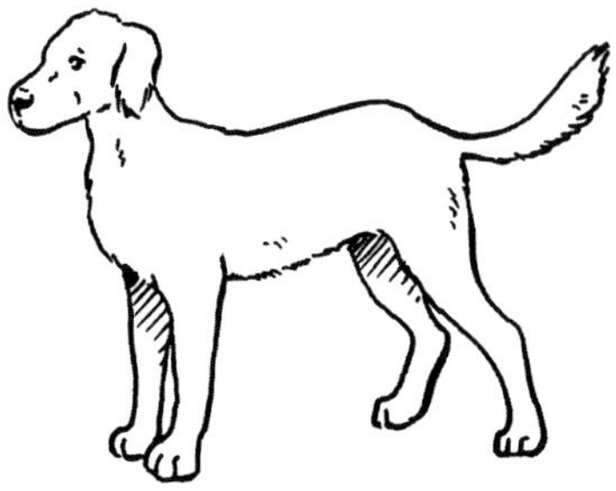

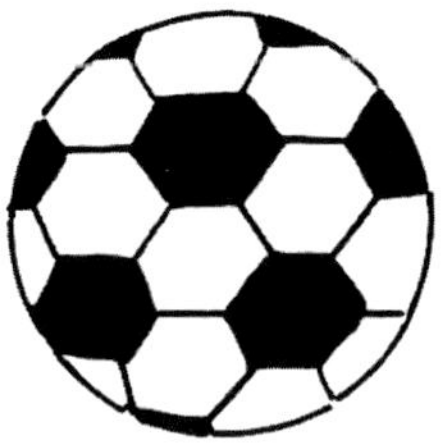

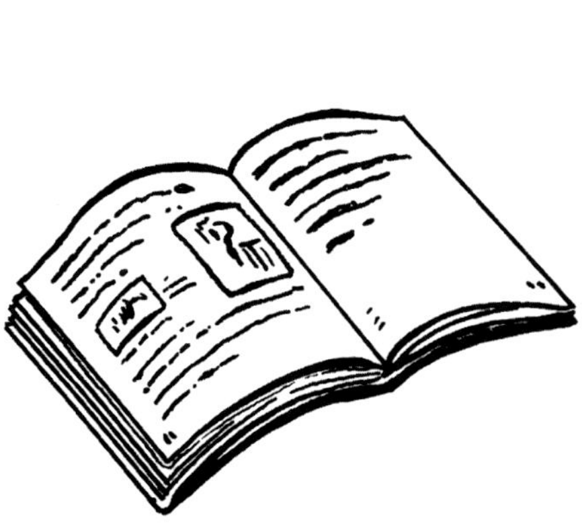

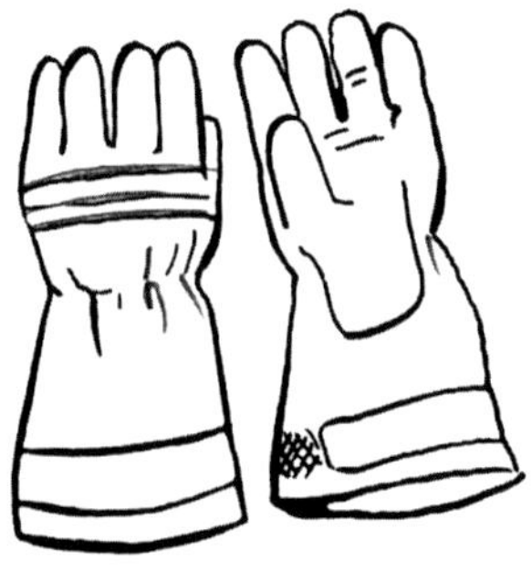

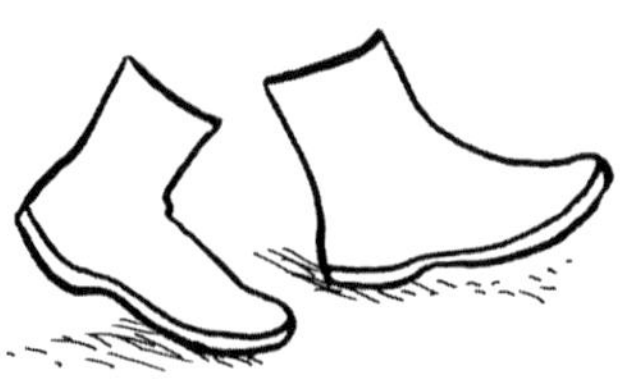

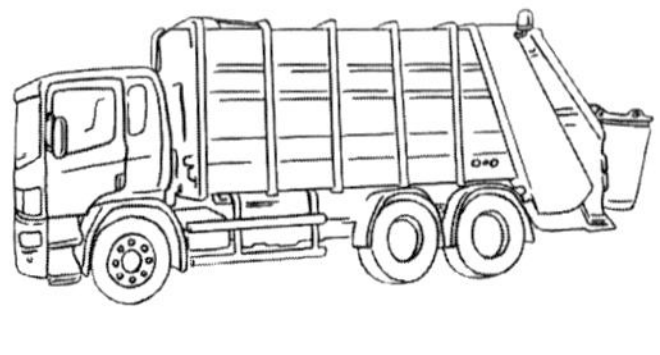

Abzählvers: Mülltrennung (ab 2 Jahren)

1, 2,
auf den Kompost kommt das Ei.

3, 4,
blau ist die Tonne für Papier.

5, 6,
Glas in den Container – ja, ich check's!

7, 8,
die gelbe Tonne wird jetzt zugemacht,

9, 10,
zu viel Restmüll ist nicht schön!

Müll-Memo-Spiel (ab 3 Jahren)

Material:
Kopiervorlage „Müll-Memo-Spiel" (s. S. 14), 1 Schere, Buntstifte, ggf. 1 Laminiergerät und -folie

Vorbereitung:
Die Karten des Müll-Memo-Spiels werden bunt angemalt, ausgeschnitten und ggf. laminiert. Je nach Schwierigkeitsstufe, in der das Memo-Spiel gespielt werden soll, müssen Sie die Karten evtl. in zweifacher Ausführung vorbereiten.

Spielmöglichkeit 1 (leicht):
Hierfür benötigen Sie nur Kopien der Lebensmittel bzw. Gegenstände (nicht die der Verpackungen), diese allerdings in doppelter Ausführung. Die Karten werden verdeckt auf den Tisch gelegt und gemischt. Deckt ein Kind eine Karte auf, benennt es den abgebildeten Gegenstand und sucht nach dem passenden Gegenstück, das es ebenfalls benennt. Das Spiel wird nach den ganz normalen Memo-Spielregeln gespielt.

Spielmöglichkeit 2 (schwieriger):
Ältere Kinder können das Spiel mit den Lebensmitteln und ihren Verpackungen spielen. Sie versuchen nun, die beiden jeweils zueinanderpassenden Bilder (z. B. Ei und Eierschale, Glas Milch und Milchtüte etc.) aufzudecken.

Im Anschluss an das Spiel können alle Kartenpärchen in die Mitte gelegt und miteinander verglichen werden: Bei welchen Lebensmitteln bzw. Gegenständen fällt viel (Verpackungs-)Müll an, bei welchen wenig? Wo kann man Müll vermeiden? Und in welche Tonne werden die Abfälle einsortiert?

Kopiervorlage zu „Müll-Memo-Spiel“ (ab 3 Jahren)

Müll-Wörter (ab 5 Jahren)

Material:
Kopiervorlage „Müll-Wörter“ (s. u.), Buntstifte, 1 Schere, ggf. 1 Laminiergerät und -folie

Vorbereitung:
Die Bildkarten werden angemalt, ausgeschnitten und evtl. laminiert.

Spielmöglichkeit:
Die Karten werden gemischt. Die Kinder betrachten die Bilder und benennen die Dinge, die auf ihnen zu sehen sind. Anschließend versuchen sie, mit jeweils zwei Karten ein neues Wort (z. B. „Mülltonne“ oder „Papierkorb“) zu legen.
Haben die Kinder alle Wörter richtig zusammengesetzt, können sie die Wörter in Silben klatschen und nach der Anzahl der Silben in unterschiedliche Gruppen sortieren.

Ein Tag bei der Müllabfuhr (ab 3 Jahren)

Maja ist ganz aufgeregt: Ihr Papa ist Müllwerker und arbeitet bei der Müllabfuhr. Morgen darf Maja einmal mit dem großen Müllauto mitfahren und ihrem Vater bei der Arbeit zuschauen.
Mitten in der Nacht klingelt der Wecker. Es ist noch dunkel. Verschlafen reibt sich Maja die Augen.
Da kommt auch schon ihr Papa ins Zimmer und ruft: „Maja, du Schlafmütze, steh auf, wir fahren gleich los!“ Das lässt Maja sich nicht zweimal sagen. Schnell schlüpft sie in ihre Anziehsachen, packt ihr Frühstücksbrot ein und putzt sich die Zähne. Und schon sitzt sie mit ihrem Papa im Auto und ist auf dem Weg zum Werksgelände der Müllabfuhr.

Dort angekommen werden sie von den anderen Müllwerkern begrüßt. „Na, Maja, willst du uns heute helfen?“ Maja nickt stolz. Zusammen mit ihrem Vater zieht sie sich um. Sie erhält eine orangefarbene Hose, eine Warnweste, feste Schuhe und natürlich Arbeitshandschuhe. Jetzt sieht sie schon wie eine echte Müllwerkerin aus. Zusammen mit den anderen Müllwerkern frühstücken sie erst einmal.
Maja staunt: Zum Frühstück gibt es hier sogar heiße Würstchen!

Nach und nach wird es draußen hell. Nun ist es höchste Zeit, mit der Arbeit zu beginnen. Maja und ihr Papa gehen zu dem großen Parkplatz, auf dem alle Müllwagen geparkt sind. Vor einem Fahrzeug bleiben sie stehen. Tanja, die Fahrerin, sitzt schon im Wagen. Sie winkt ihnen zu. Maja und ihr Vater klettern auf den Beifahrersitz. Papas Kollege Markus stellt sich hinten auf die Rampe der Müllabfuhr. Tanja tritt auf das Gaspedal und los geht die Fahrt. Staunend blickt Maja aus dem Fenster. Von hier oben kann sie viel mehr sehen als beim Autofahren!

Schon bald hält die Müllabfuhr an. Jetzt geht die Arbeit los. Majas Papa springt aus dem Wagen und läuft zusammen mit Markus zu den vollen Mülltonnen am Straßenrand. Mit ein paar geschickten Bewegungen rollen sie die Tonnen bis zu dem Hebearm: Die Mülltonnen rasten ein, werden von dem Hebearm hochgehoben und der ganze Müll wird in die große Ladeklappe des Fahrzeugs gekippt. Die leeren Tonnen werden wieder zurück an den Straßenrand gerollt. Und dann sind auch schon die nächsten Tonnen an der Reihe.
Maja wundert sich, wie schnell das geht. Ihr Papa und Markus arbeiten ohne Pause. Und dabei sind die Mülltonnen ganz schön schwer! Immer wenn das Müllauto weiterfahren soll, pfeifen die Männer, damit Tanja sie hört und bis zu den nächsten Tonnen fährt. Markus und Majas Papa stehen dabei hinten auf den Rampen – so können sie immer schnell abspringen und die neuen Tonnen holen.
Im Inneren des Müllautos wird der Abfall mit großen Metallschaufeln von hinten nach vorne geschoben.
Der Müll wird zusammengepresst, damit möglichst viel hineinpasst.

Nach einiger Zeit ist das Müllauto voll. Jetzt fährt Tanja zur Müllverbrennungsanlage. Dort klettern die Müllwerker zu ihr in die Fahrerkabine und machen eine kleine Pause. Maja merkt plötzlich, dass ihr Magen knurrt. Hungrig beißt sie in ihr Frühstücksbrot. Auch ihr Papa, Tanja und Markus essen ihre belegten Brote.

Bei der Müllverbrennungsanlage kippt das Müllauto den ganzen Müll auf einen großen Haufen.
Ein riesiger Greifarm befördert dort die Abfälle weiter zu einem Ofen, in dem es glühend heiß ist.
Hier wird der Müll verbrannt.

Die Müllwerker haben noch keinen Feierabend. Sie fahren weiter bis zur nächsten Straße, holen die Tonnen, sehen zu, wie der Müll in den Wagen gekippt wird, rollen die leeren Tonnen wieder weg … Maja muss gähnen. Der Tag bei der Müllabfuhr ist ja ganz schön anstrengend. Wie lange werden sie wohl noch arbeiten?

Schließlich haben sie es geschafft, für heute ist Feierabend! Auf dem Rückweg merkt Maja, wie ihr langsam die Augen zufallen. Sie denkt noch daran, was sie morgen ihren Freunden im Kindergarten alles von diesem spannenden Tag bei der Müllabfuhr erzählen wird. Und schon ist sie eingeschlafen.

Gesprächsanlässe zu „Ein Tag bei der Müllabfuhr“ (ab 3 Jahren)

Material:
Geschichte „Ein Tag bei der Müllabfuhr“ (s. S. 16)

Arbeitsanleitung:
Die Kinder setzen sich gemütlich in einen Kreis. Die Erzieherin liest die Geschichte „Ein Tag bei der Müllabfuhr“ vor. Anschließend kann mit den Kindern gemeinsam über die Geschichte gesprochen werden. Dazu bieten sich zum Beispiel die folgenden Fragen an:

- Warum ist Maja zu Beginn der Geschichte ganz aufgeregt?
- Welchen Beruf hat Majas Papa?
- Wann stehen Maja und ihr Papa auf: abends, mittags oder ganz früh morgens?
- Aus welchen Teilen besteht die Kleidung der Müllwerker?
- Wie sammeln die Müllwerker den Abfall ein?
- Wohin wird der ganze Müll gebracht?
- …

Musik mit Müll (ab 3 Jahren)

Material:
„Musikinstrumente“ aus Müll, wie zum Beispiel Trommeln aus Konservendosen (s. S. 23), Joghurtbecher-Rasseln (s. S. 23), Zupfinstrumente aus Schuhkartons (s. S. 24) oder Schellen aus Kronkorken (s. S. 24); alternativ gerollte alte Zeitungen oder Zeitschriften, leere, ausgespülte Milchkartons oder Joghurtbecher, leere, gereinigte Konservendosen und anderer Müll, der sich zum „Musikmachen“ eignet

Vorbereitung:
Die entsprechenden „Musikinstrumente“ werden gebastelt bzw. bereitgestellt.

Spielmöglichkeit:
Nun können die Klänge der verschiedenen Instrumente bzw. der Müllgegenstände ausprobiert werden. Zunächst sollte den Kindern genug Freiraum gegeben werden, um die Instrumente / die Müllgeräusche kennenlernen zu können: Wie fühlt es sich an? Kann ich damit nur laute Geräusche oder auch leise Geräusche machen? Welcher Klang gefällt mir besonders gut, welcher weniger? …
Im Anschluss bietet es sich an, mit den Instrumenten / Gegenständen aus Müll einfache Rhythmen auszuprobieren, z. B. kurz – kurz – lang; lang – lang, kurz – kurz; lang – kurz – lang – kurz usw.
Haben die Kinder genügend Erfahrung mit den Instrumenten gesammelt, können sie auch versuchen, die in dieser Projektmappe enthaltenen Lieder (s. S. 18 / 19) rhythmisch mit den Instrumenten zu begleiten.

Lied „Die Müllabfuhr“ (ab 2 Jahren)

1. Die Müll - ab - fuhr fährt durch die Stadt, holt dort den al - ten

Krem - pel ab. Die Ton - nen ma - chen klapp, klapp, klapp. Da ist die Müll - ab -

fuhr, da ist die Müll - ab - fuhr, wo fährt die Müll - ab - fuhr nur hin?

Text: Teresa Zabori
Melodie: traditionell nach „Die Affen rasen durch den Wald“

2. Kinder gucken aus dem Fenster,
glauben gar, sie seh'n Gespenster.
Die Tonnen machen klapp, klapp, klapp.
Da ist die Müllabfuhr, da ist die Müllabfuhr, wo fährt die Müllabfuhr nur hin?

3. Die starken Menschen in Orange,
sie stemmen hoch die Müllkartons.
Die Tonnen machen klapp, klapp, klapp.
Da ist die Müllabfuhr, da ist die Müllabfuhr, wo fährt die Müllabfuhr nur hin?

4. Ganz viel Müll kommt in den Wagen,
wann ist endlich Feierabend?
Die Tonnen machen klapp, klapp, klapp.
Da ist die Müllabfuhr, da ist die Müllabfuhr, wo fährt die Müllabfuhr nur hin?

5. Die Müllabfuhr biegt auf den Hof,
die Freude ist jetzt richtig groß.
Die Tonnen machen klapp, klapp, klapp.
Da ist die Müllabfuhr, da ist die Müllabfuhr, wo fährt die Müllabfuhr nur hin?

6. Die Fahrer steigen endlich ab,
der Kipper kippt den Müll hinab.
Die Tonnen machen nicht mehr klapp.
Wo ist die Müllabfuhr, wo ist die Müllabfuhr, jetzt ist die Müllabfuhr zu Haus.

Lied: „Auf der grünen Wiese, da liegt ständig Müll“ (ab 2 Jahren)

Material:
verschiedene „Müllgegenstände“, Müllbeutel, Warnwesten, Handschuhe, evtl. Grillzangen

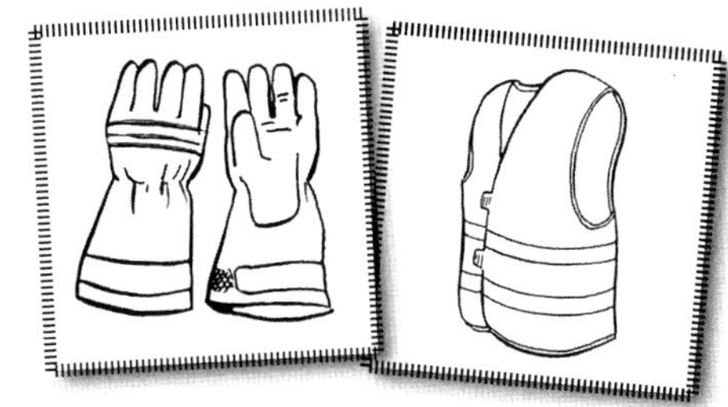

Vorbereitung:
Der Müll wird im Bewegungsraum oder im Außengelände verteilt. Einige Müllgegenstände können auch versteckt werden, damit die Kinder sie nicht sofort sehen und ein bisschen suchen müssen.

Spielmöglichkeit:
1. Jedes Kind zieht eine Warnweste und Handschuhe an. Dann erhält es einen Müllbeutel. Eventuell können sich auch mehrere Kinder eine Mülltüte teilen.
2. Anschließend singen die Kinder gemeinsam mit der Erzieherin das Lied.
3. Bei „Müllbeutel“ halten alle Kinder ihre Mülltüten in die Höhe, bei „Warnwesten“ deuten sie auf diese und bei „Handschuhe“ strecken sie ihre Hände in die Höhe.
   Bei „Die Müllsuche geht los!“ laufen die Kinder durch den Raum / das Außengelände und sammeln den Müll ein.

Variante:
Ältere Kinder können den Müll mit Grillzangen in die Müllbeutel stecken.

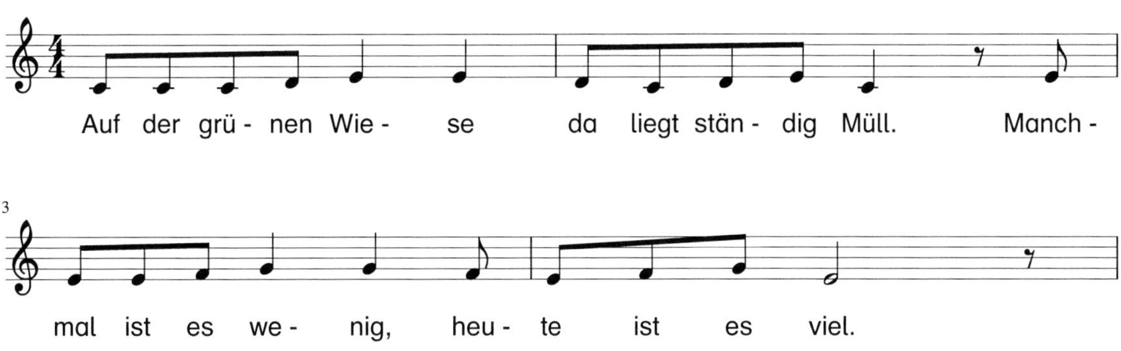

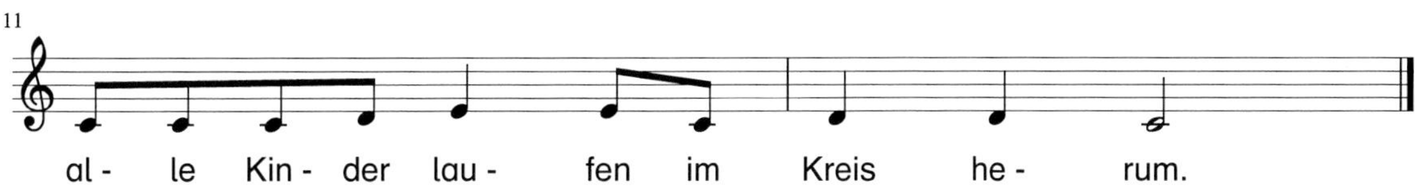

Text: Teresa Zabori
Melodie: traditionell nach „Auf der grünen Wiese“

Spielzeughäuschen aus Milchtüten (ab 3 Jahren)

Material:
leere, ausgewaschene Milchtüten, Scheren, Kleber, Stoffreste, Fingerfarben, Tonpapierreste, Papier, Malunterlagen, ggf. Pinsel und Malkittel

Arbeitsanleitung:

1. Die Milchtüten werden quer in der Mitte durchgeschnitten. Beide Teile stellen je ein Häuschen dar.
2. In die Häuschen werden vorne eine aufklappbare (Doppel-)Tür und an die Seiten zwei Fenster geschnitten. Ein Fenster kann ganz ausgeschnitten werden und an dieses kann unten von innen aus einem Stück Tonpapier eine Fensterbank angeklebt werden.
   Bei dem anderen Fenster werden nur die beiden Seiten und der untere Rahmenteil ausgeschnitten. Klappt man den Karton hoch und knickt ihn am Ende etwas nach unten um, erhält man eine Markise. Anschließend werden aus Stoffresten Gardinen ausgeschnitten und an die Fenster geklebt.
3. Als Nächstes wird ein Blatt Papier zur Mitte gefaltet und entlang der Knicklinie in zwei gleich große Hälften geschnitten. Das Blatt wird eingerollt und als „Schornstein“ in die Öffnung der Milchtüte gesteckt.
   In die Hälfte ohne Öffnung muss vorher ein passendes Loch hineingeschnitten werden.
4. Zum Schluss malen die Kinder die Häuser an. Wenn die Farbe getrocknet ist, können Spielzeugfiguren in die Häuser einziehen.

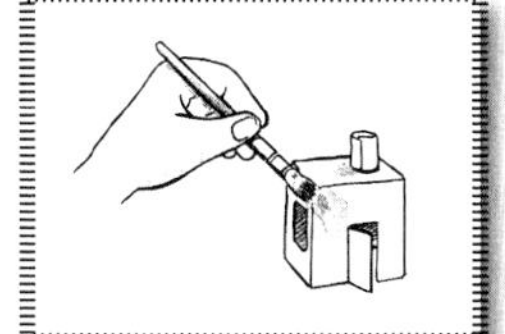

Viel Spaß beim Spielen!

Varianten:

- Aus den Häuschen kann eine ganze Stadt gebaut werden. Sicher haben die Kinder Lust, noch andere Gebäude wie zum Beispiel kleine Garagen für Spielzeugautos, Tunnel oder auch Hochhäuser (aus ganzen Milchtüten) zu basteln. Der Kreativität und Fantasie sind hier keine Grenzen gesetzt!

- Für den Herbst und Winter können Sie aus der Milchpackung kleine Futterstationen für Vögel basteln. Dazu wird an einer Seite etwa 3 cm über dem Boden ein großes Viereck ausgeschnitten. Darunter und in die gegenüberliegende Seite werden zwei Löcher gebohrt, durch die ein dünner Holzstab hindurchgesteckt wird. Nun kann das Futter auf den Boden des Milchkartons gestreut werden. Die Futterstation können Sie mit einem Draht im Außengelände aufhängen.

Autos aus Tetra Paks® (ab 3 Jahren)

Material:
Tetra Paks®, Scheren, fertig angerührter Kleister, Zeitungspapier, 1 Schüssel, Fingerfarben, ggf. Pinsel, 1 Prickelnadel, Schaschlikstäbe, Material für die Räder (z. B. Weinkorken, Deckel von größeren Gläsern oder Schachteln), Malkittel, 1 Ahle, ggf. 1 Heißklebepistole

Vorbereitung:
Das Papier wird in kleine Stücke gerissen. Diese werden in einer Schüssel bereitgestellt.

Arbeitsanleitung:

1. Zuerst wird die Grundform der Autos gestaltet. Dazu werden die Tetra Paks® um zwei Ecken herum parallel eingeschnitten. Je nachdem wie man schneidet, erhält man unterschiedliche Motorhaubenformen. An den Schnittkanten werden die Tetra Paks® nach innen gedrückt, sodass die Grundform der Autos entsteht. Die Kinder können diese ganz nach ihren Interessen gestalten, zum Beispiel als Feuerwehrauto, Polizeiauto, Traktor, Bus etc.

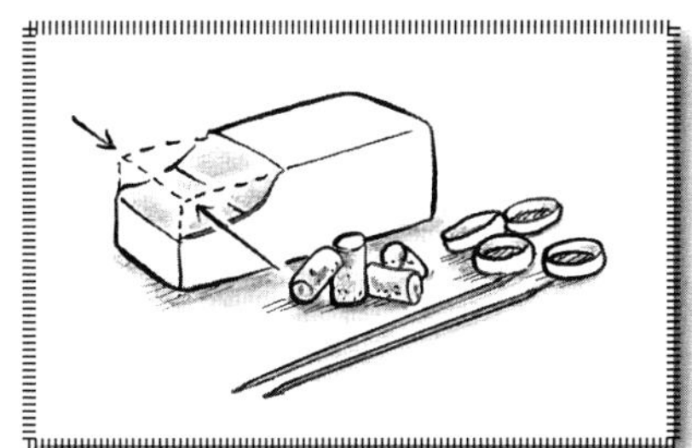

2. Mit Kleister werden die Papierschnipsel auf die Autos geklebt und anschließend gut trocknen gelassen.

3. Mit einer Prickelnadel werden die Löcher für die Achsen in die Tetra Paks® gestochen.

4. Nun werden die Schaschlikstäbe durch die Löcher gesteckt. Eventuell müssen sie etwas gekürzt werden. Die Achsen sollten noch ein Stück überstehen, damit die Autos gut fahren können.

5. An den Enden der Schaschlikstäbe werden die Räder aufgesteckt und ggf. festgeklebt. Bei den Weinkorken genügt ein Aufstecken. In die Deckel von Gläsern muss vorher mit Hilfe einer Ahle vorsichtig und in Begleitung der Erzieherin ein kleines Loch gestochen werden. Dann werden die Deckel auf die Schaschlikstäbe gesteckt und von der Erzieherin mit einer Heißklebepistole fixiert. Alternativ können sie auch mit einem Stück Korken auf dem Schaschlikspieß fixiert werden.

6. Zum Schluss werden die Autos bunt angemalt.

Spielidee:
Wenn die Farbe getrocknet ist, kann mit den Autos ein kleines Wettrennen veranstaltet werden. Dazu wird zum Beispiel aus zwei Büchern eine kleine Rampe gebaut, auf der die Kinder ihre Fahrzeuge hinabrollen lassen. Welches Auto fährt am weitesten?

Wir schöpfen Papier (ab 3 Jahren)

Material:
altes Papier (z. B. Zeitungen), Wasser, Eimer, evtl. Wasserfarben und Pinsel, Fliegendraht, 1 stabile Schere, 1 altes Handrührgerät, alte Geschirrtücher, 1 Spülschüssel, Löffel, 1 Nudelholz, 1 Wäscheständer, Wäscheklammern, 1 Unterlage für den Wäscheständer, 1 Bügeleisen, 1 Bügelbrett, Bastelutensilien (wie Buntstifte, Papier- oder Stoffreste, evtl. gepresste Blumen, Kleber), evtl. etwas Schleifpapier

Vorbereitung:
Alle Materialien werden bereitgestellt. Mit der Schere werden die Schöpfrahmen in der Größe, die das neue Papier haben soll, aus dem Fliegendraht zurechtgeschnitten. Scharfe Enden ggf. mit Schleifpapier abschleifen.

Arbeitsanleitung:

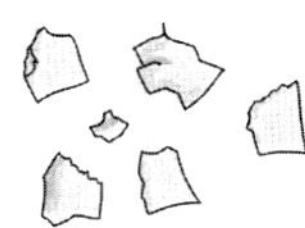

1. Die Kinder zerreißen das Papier in viele kleine Stücke.

2. Die Papierschnipsel werden in den Eimer gegeben. Anschließend füllt die Erzieherin diesen mit heißem Wasser, bis die Papierstückchen vollkommen mit Wasser bedeckt sind. Sie müssen nun einen Tag lang einweichen.
3. Dann wird alles mit einem Handrührgerät so lange verrührt, bis ein Brei entsteht. Wenn etwas Wasserfarbe hinzugegeben wird, erhält man später buntes Papier.

4. Auf einen Tisch werden alte Zeitungen ausgelegt, darüber wird das Geschirrtuch ausgebreitet.

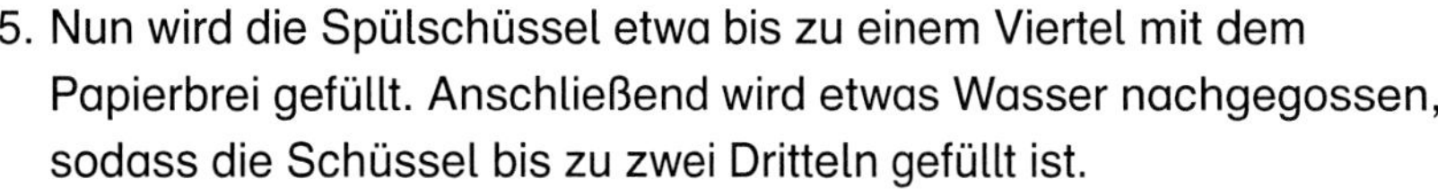

5. Nun wird die Spülschüssel etwa bis zu einem Viertel mit dem Papierbrei gefüllt. Anschließend wird etwas Wasser nachgegossen, sodass die Schüssel bis zu zwei Dritteln gefüllt ist.

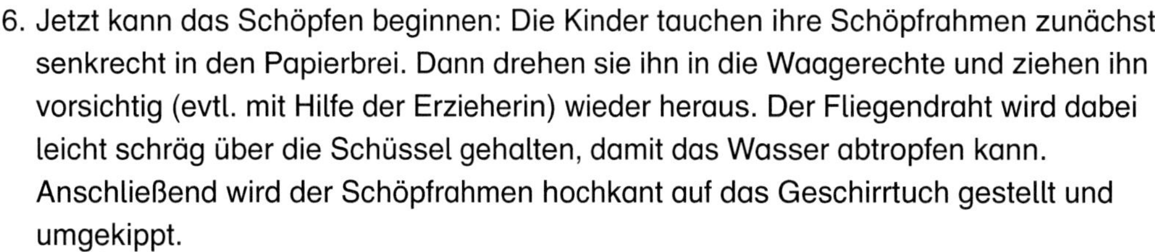

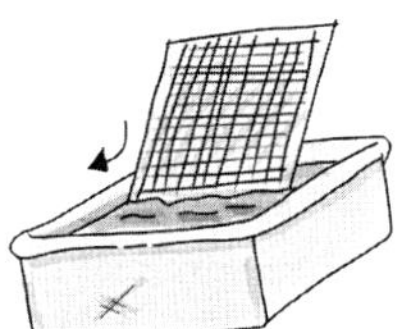

6. Jetzt kann das Schöpfen beginnen: Die Kinder tauchen ihre Schöpfrahmen zunächst senkrecht in den Papierbrei. Dann drehen sie ihn in die Waagerechte und ziehen ihn vorsichtig (evtl. mit Hilfe der Erzieherin) wieder heraus. Der Fliegendraht wird dabei leicht schräg über die Schüssel gehalten, damit das Wasser abtropfen kann. Anschließend wird der Schöpfrahmen hochkant auf das Geschirrtuch gestellt und umgekippt.

7. Die Kinder rollen nun so lange mit dem Nudelholz über den Draht, bis sich das Papier ablöst.

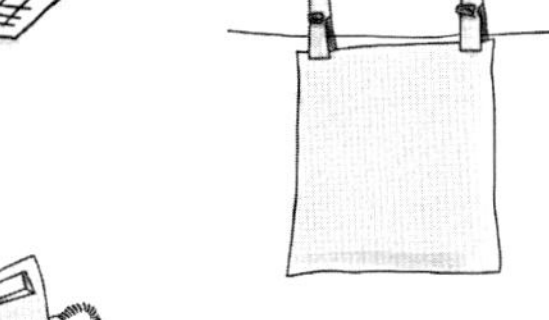

8. Dann werden die Blätter zum Trocknen auf dem Wäscheständer aufgehängt.

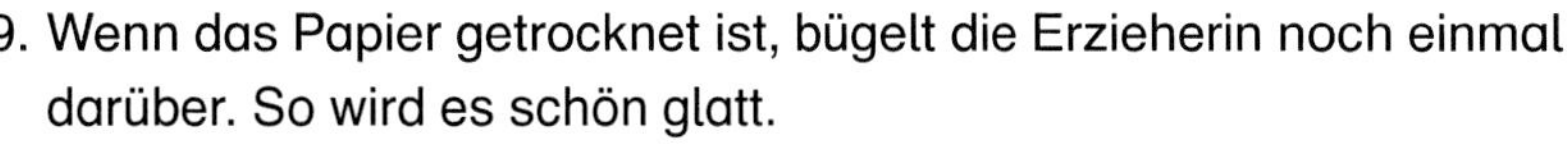

9. Wenn das Papier getrocknet ist, bügelt die Erzieherin noch einmal darüber. So wird es schön glatt.
10. Aus dem recycelten Papier können die Kinder kleine Bilder oder Karten gestalten: zum Beispiel mit Farben, aufgeklebten Papier- oder Stoffresten oder auch mit gepressten Blumen. Diese können den Gruppenraum verschönern und / oder an die Eltern verschenkt werden.

Musikinstrumente aus Müll – Trommeln aus Konservendosen (ab 2 Jahren)

Material:
alte Konservendosen, 2 Schaschlikstäbe und 2 Korken pro Trommel, Papier, Wasserfarben, Pinsel, Becher, Unterlagen, 1 Schere, Kreppklebeband, Kleber, Malkittel

Vorbereitung:
Die Konservendosen werden mit Papier umwickelt. Mit der Schere wird das Papier in die richtige Größe geschnitten. Der scharfe, aufgeschnittene Rand der Konservendosen wird mit Kreppklebeband abgeklebt.

Arbeitsanleitung:

1. Die Kinder bemalen das Papier und lassen es trocknen.
2. Dann wird das Papier auf die Dosen geklebt.
3. Die Korken werden auf die Holzstäbe gesteckt und festgeklebt.

Nun kann das Trommelkonzert beginnen!

Musikinstrumente aus Müll – Joghurtbecher-Rasseln (ab 2 Jahren)

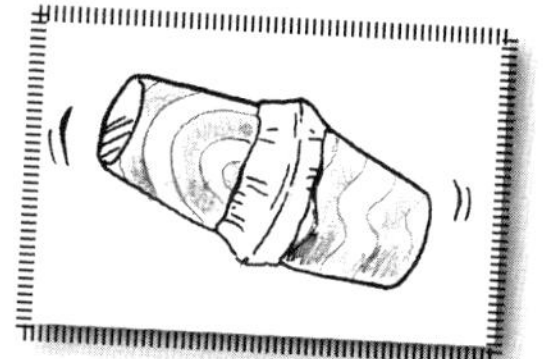

Material:
alte Joghurtbecher (von der gleichen Sorte), Füllmaterial (z. B. Steinchen), Kreppklebeband, Fingerfarben

Vorbereitung:
Alle Materialien werden bereitgestellt. Eventuell suchen die Kinder im Freien nach kleinen Steinchen oder anderen Füllmaterialien (z. B. Aststückchen).

Arbeitsanleitung:

1. Die Kinder füllen einen Joghurtbecher mit den Steinchen.
2. Mit dem Kreppklebeband werden jeweils zwei Joghurtbecher an ihren Öffnungen zusammengeklebt.
3. Nun können die Kinder ihre Rasseln nach ihren eigenen Vorstellungen bemalen.

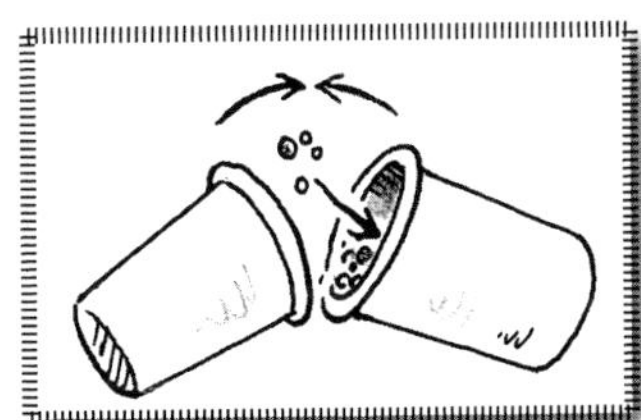

Eins, zwei, drei – los geht das Rasselkonzert!

Musikinstrumente aus Müll – Zupfinstrumente aus Schuhkartons (ab 4 Jahren)

Material:
kleine Pappschachteln (oder Tetra Paks® o. Ä.), unterschiedlich dicke Gummibänder, 1 Schere, Perlen, 1 Prickelnadel, evtl. Fingerfarben oder buntes Papier, evtl. Kleber

Arbeitsanleitung:

1. Die Schachteln werden angemalt oder mit buntem Papier beklebt.
2. Nun werden mit der Prickelnadel Löcher in die gegenüberliegenden Seiten der Kartons gestochen.
3. Die Gummibänder werden durch die Löcher gefädelt. Sie können sie zum Beispiel von dünn nach dick anordnen. Die überstehenden Enden werden an jeder Seite mit einer Perle verknotet.

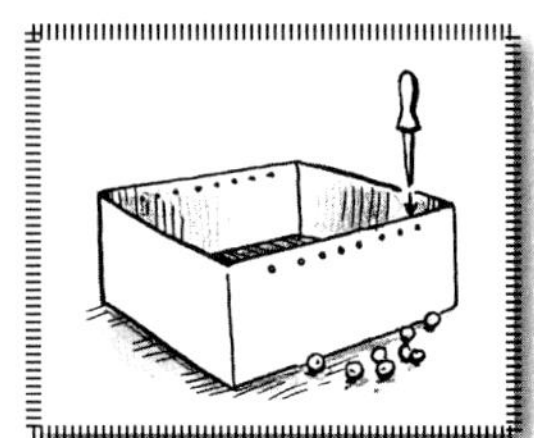

Fertig sind die Zupfinstrumente!

Nun können die Kinder diese ausprobieren:
Welche Töne können sie ihnen entlocken?
Gelingt es ihnen, eine kleine Melodie zu spielen?

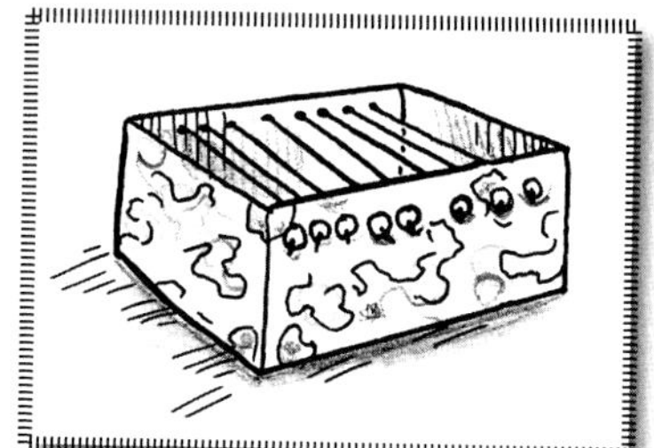

Musikinstrumente aus Müll – Schellen aus Kronkorken (ab 3 Jahren)

Material:
Kronkorken, 1 Hammer, 1 Brett (als Unterlage), 1 dicker und langer Nagel, Blumendraht, 1 Kneifzange, Perlen, 1 Schüssel, 1 scharfes Messer, dünne Stöcke

Vorbereitung:
Bei einem Spaziergang suchen die Kinder einige nicht zu dicke Stöcke. In der Kita schneidet die Erzieherin diese in die richtige Länge. Der Blumendraht wird mit der Kneifzange in passend große Stücke zerteilt. Die Perlen werden in einer Schüssel bereitgestellt.

Arbeitsanleitung:

1. Mit dem Hammer und dem Nagel schlagen die Kinder (unter Aufsicht der Erzieherin!) ein Loch in die Mitte eines jeden Kronkorken.
2. An einem Ende des Drahtes wird ein Knoten gemacht. Dabei sollte noch ein Stück überstehen, damit der Draht zum Schluss an dem Stock befestigt werden kann.
3. Nun fädeln die Kinder die Perlen und Kronkorken auf: Auf eine Perle folgen immer zwei Kronkorken.
4. Zum Schluss wird auch das andere Ende verknotet und die „Schellenkette" mit beiden Enden an den Stock gebunden.

Jetzt können die Kinder mit ihren Schellen kräftig rasseln.

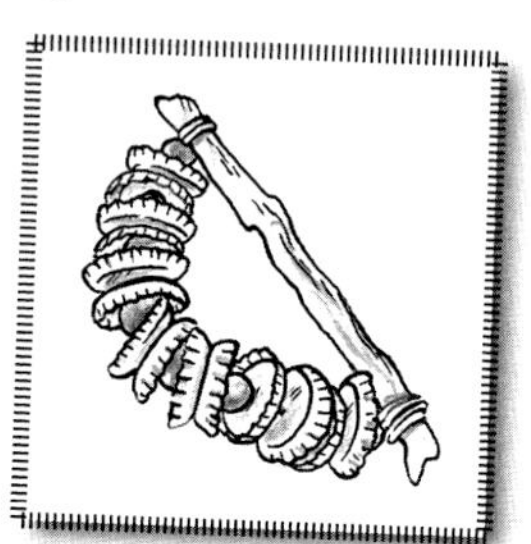

Bunte Stofftaschen (ab 2 Jahren)

Material:
Blanko-Stofftaschen (erhältlich in einem Bastelgeschäft oder auch im Internet), Stoffmalfarben, Malkittel, Malunterlagen, Pinsel

Vorbereitung:
Im Außengelände wird eine „Malecke“ mit den Farben und Stofftaschen zum Bemalen eingerichtet.

Arbeitsanleitung:
Nun kann das Malen losgehen! Jüngere Kinder können die Stofftaschen mit ihren Hand- und / oder Fußabdrücken verzieren, ältere Kinder können sich bestimmte Motive überlegen (wie z. B. eine Sonne, Wolken, Blumen, kleine Häuser), die sie auf die Taschen malen. Das ein oder andere (Vorschul-)Kind kann mit etwas Hilfestellung sicher auch schon seinen Namen auf seine Tasche schreiben.
Achtung: Ehe die Kinder die zweite Seite bemalen, muss die Farbe auf der einen Seite getrocknet sein.

Die bunten Stofftaschen sind ein schönes Geschenk für die Eltern mit dem Appell, zukünftig auf Plastiktüten zu verzichten und Stoffbeutel zum Einkaufen mitzunehmen.

Variante:
Vorab kann jede Stofftasche mit dem aufgedruckten Foto des Kindes verziert werden. So erhalten die Kinder eine unvergessliche Erinnerung an ihre Kita-Zeit!

Wir beobachten Regenwürmer (ab 2 Jahren)

Material:
1 leeres Aquarium, Schaufeln, Sand, Gartenerde, Laub, Küchenabfälle (z. B. Kaffeesatz, Apfel- oder Kartoffelschalen), Wasser, 1 großes, dunkles Tuch, leere Konservendosen

Vorbereitung:
Das Aquarium wird mit sich abwechselnden Schichten aus Sand und Gartenerde (jeweils ca. 5 cm dick) gefüllt. Oben wird die Erde mit Laub und einigen Küchenabfällen bedeckt und mit Wasser befeuchtet.

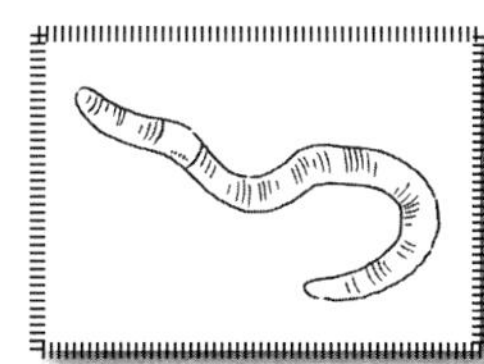

Arbeitsanleitung:
Nun suchen die Kinder im Außengelände nach Regenwürmern. Am häufigsten findet man sie, wenn es geregnet hat. Wenn es trockener ist, können die Kinder mit Schaufeln ein tiefes Loch graben. Auch leere Konservendosen, die umgestülpt auf die Erde gestellt werden und auf die die Kinder leicht klopfen, locken Regenwürmer an die Erdoberfläche. Wenn die Kinder zirka vier bis acht Regenwürmer gefunden haben, werden diese vorsichtig in das gebaute Terrarium gesetzt. Da Regenwürmer sehr lichtempfindlich sind, sollte das Terrarium mit einem Tuch abgedunkelt werden und an einem kühlen, dunklen Ort aufgestellt werden. Es ist wichtig, die Erde immer feucht zu halten. In regelmäßigen Abständen füttern die Kinder die Regenwürmer mit neuen Küchenabfällen und befeuchten die Erde. Sie beobachten, was die Regenwürmer fressen, wie sie ihre Gänge bauen und sich fortbewegen. Nach drei bis vier Wochen sollten die Regenwürmer wieder an einem kühlen, schattigen Platz im Freien ausgesetzt und (zum Schutz vor Vögeln) mit etwas Erde bedeckt werden.

BVK • Teresa Zabori: Kita aktiv „Projektmappe Müll“

Was passiert mit dem Salatblatt? (ab 3 Jahren)

Material:
Bildkarten „Was passiert mit dem Salatblatt?“ (s. S. 27), Buntstifte, 1 Schere, evtl. 1 Laminiergerät und -folie, 1 Tacker

Vorbereitung:
Die Bildkarten werden ausgeschnitten, angemalt und ggf. laminiert. Zusätzlich werden sie ggf. für jedes Kind noch einmal extra kopiert.

Spielmöglichkeit:
Die Kinder sehen sich die Bilder nacheinander an und erzählen spontan, was sie auf ihnen sehen. Dabei sollen sie möglichst in ganzen Sätzen sprechen. Sie können ihnen zum Beispiel die folgenden Fragen stellen:

- Was seht ihr auf dem Bild?
- Wisst ihr, wie die Tiere heißen? Was machen die Tiere?
- Was passiert mit dem Salatblatt?

Nachdem alle Karten besprochen wurden, bringen die Kinder diese in die richtige Reihenfolge. Dann erhält jedes Kind eine eigene Kopie von den Bildkarten zum Ausmalen. Zum Schluss werden die Seiten aneinandergetackert und die Kinder dürfen ihre kleinen Heftchen mit nach Hause nehmen.

Tipp:
Wenn Sie einen Komposthaufen in der Kita haben oder einen solchen errichten (s. S. 31), können die Kinder über einen längeren Zeitraum selbst beobachten, wie ein Salatblatt verrottet.

Was kommt in welche Tonne? (ab 4 Jahren)

Material:
Kopiervorlage „Müll“ (s. S. 28), Kopiervorlage „Müllbehältnisse“ (s. S. 29), Buntstifte, 1 Schere, Kleber, Briefumschläge, Tonpapier in DIN A3

Vorbereitung:
Die Bilder werden ausgeschnitten und in einen Briefumschlag gesteckt. Für zwei Kinder benötigen Sie jeweils einen Briefumschlag mit Bildern. Die unterschiedlichen Müllbehältnisse werden kopiert, in den passenden Farben angemalt und auf einen großen Bogen Tonpapier geklebt. Jedes Kinderpaar erhält solch einen Bogen.

Spielmöglichkeit:
Die Kinder versuchen zu zweit, die einzelnen Gegenstände den richtigen Müllbehältern zuzuordnen. Die Erzieherin hilft ihnen dabei. Anschließend wird das Ergebnis mit allen gemeinsam in der Gruppe besprochen. Nun kleben die Kinder den Müll in oder neben die richtigen Behälter. Natürlich können sie die Bilder noch bunt anmalen.
Die Plakate können im Gruppenraum aufgehängt werden – so haben die Kinder immer Beispiele für die richtige Mülltrennung vor Augen.

Bildkarten zu „Was passiert mit dem Salatblatt?“ (ab 3 Jahren)

Das Salatblatt wird auf den Kompost geworfen.

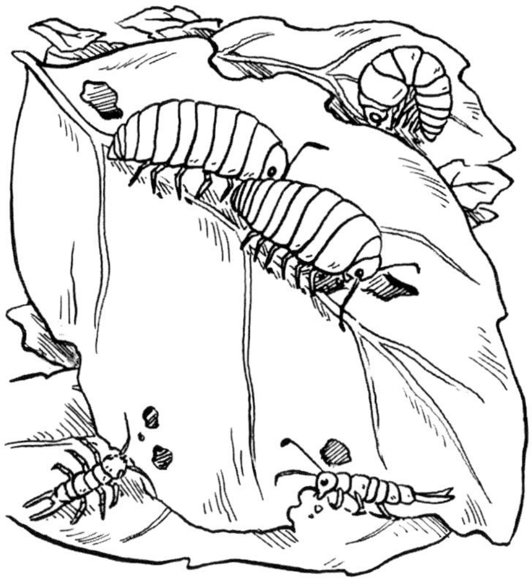

Asseln und Springschwänze fressen Löcher in das Blatt.

Ein Regenwurm zieht das Blatt dann in die Erde.

Der Regenwurm frisst das Blatt und scheidet Kot aus.

Mikroorganismen zersetzen den Kot des Regenwurms.
Neue Erde entsteht.

Mit der neuen Erde werden Pflanzen gedüngt.

Kopiervorlage „Müll“ (ab 4 Jahren)

(Bitte ggf. hochkopieren.)

Kopiervorlage „Müllbehältnisse“ (ab 4 Jahren)

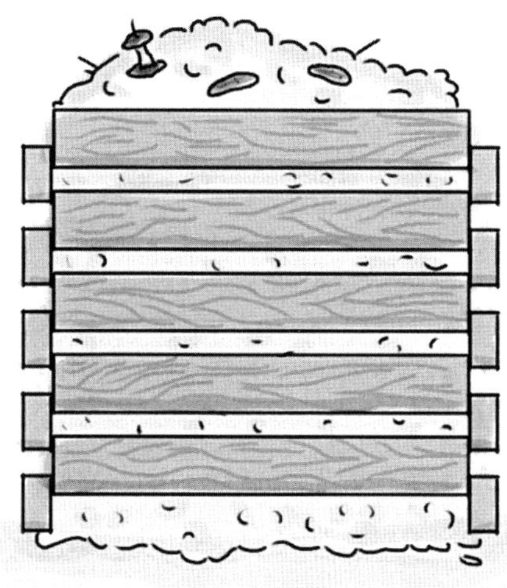

(Bitte ggf. hochkopieren.)

Spiel: Wir sortieren den Müll richtig (ab 3 Jahren)

Material:
4 große Kartons, blaues, braunes, gelbes und graues Tonpapier (bzw. passend zu den Farben der verschiedenen Mülltonnen in Ihrer Kommune), Scheren, durchsichtiges Klebeband, 1 schwarzer Filzstift, jede Menge sauberer Abfall von unterschiedlichen Müllsorten (z. B. leere Käse- oder Wurstverpackungen, Milchtüten, Joghurtbecher, Zahnpastatuben, Zeitungen, Blätter Papier, Müslikartons, Schuhkartons, alte Zahnbürsten, kaputte Spielsachen oder Stoffreste, andere kaputte Alltagsgegenstände, Obst- oder Gemüseschalen auf kleinen Papptellern)

Vorbereitung:
Aus dem Tonpapier werden Schilder gebastelt. Auf jedes Schild werden Gegenstände gemalt oder geklebt (s. S. 28), die zur jeweiligen Farbe der Müllsorte passen (z. B. auf das blaue Tonpapier Zeitungen, auf das braune Papier Obstreste etc.). Dann werden die Schilder an den Kartons (= Mülltonnen) befestigt. Die Kartons werden im Freigelände in Form eines großen Rechtecks aufgestellt. In der Mitte wird der Müll verteilt.

Spielmöglichkeit:
Die Kinder bewegen sich frei in dem „Müllfeld" und schauen sich die Abfälle gut an. Wenn die Erzieherin eine Farbe ruft, suchen die Kinder ein zu dieser Abfallsorte passendes Müllteil und werfen es möglichst schnell in den passenden Mülleimer. Zum Schluss schauen die Kinder in den Abfalltonnen nach: Wurde alles richtig einsortiert? Oder müssen einige Dinge noch einmal umsortiert werden?

Wir vergraben Papier, Plastik & Co. (ab 3 Jahren)

Material:
1 Verpackung aus Plastik, 1 alte Konservendose, 1 Glasflasche, 1 Blatt Papier, 1 Apfelkitsche (o. Ä.), 1 Ast, 1 Schaufel, Komposthaufen (s. S. 31) oder Beet, 1 Unterlage, 1 Smartphone, 1 großer Bogen Tonpapier, Kleber, 1 Computer, 1 Drucker

Arbeitsanleitung:
1. Die unterschiedlichen Gegenstände werden auf die Unterlage in die Mitte des Sitzkreises gelegt. Die Erzieherin fragt die Kinder, ob sie wissen, aus welchem Material die verschiedenen Gegenstände bestehen. Dann dürfen die Kinder Vermutungen anstellen, was mit den Dingen geschieht, wenn man sie für einige Zeit in der Erde vergräbt bzw. auf dem Komposthaufen deponiert. Zum Schluss werden alle Gegenstände fotografiert.
2. Dann werden die Materialien vergraben. Die Stellen sollten gut markiert werden, zum Beispiel mit größeren Steinen.
3. Nach etwa zehn Wochen werden die einzelnen Gegenstände wieder ausgebuddelt. Die Kinder vergleichen die Materialien mit den Fotos und die Erzieherin macht neue Aufnahmen von den Gegenständen, auf denen zu erkennen ist, wie sie jetzt aussehen. Im Sitzkreis wird thematisiert, was mit Papier, Holz, Biomüll, Plastik, Blech und Glas im Boden geschieht: Welcher Müll wird dort von winzigen Tierchen in kleine Bestandteile zerlegt? Welche Verpackungen haben sich gar nicht verändert? Was bedeutet das für die unterschiedlichen Müllarten? Welchen Müll sollte man so gut wie möglich vermeiden? Zum Schluss werden die „Vorher-/Nachher-Fotos" auf einem Plakat im Gruppenraum aufgehängt.

BVK • Teresa Zabori: Kita aktiv „Projektmappe Müll"

Wir legen einen Komposthaufen an (ab 3 Jahren)

Material:
2 Komposter (gibt es z. B. als einfache Holz-Stecksysteme im Baumarkt), Abdeckung (z. B. Deckel aus Holz, Wellblech oder Kompostvlies), Rindenmulch oder Gehölzschnitt, Mistgabel zum Umsetzen

Vorbereitung:
Suchen Sie nach einem geeigneten Platz für die beiden Komposthaufen im Außengelände. Dieser sollte im Halbschatten und relativ windgeschützt liegen (z. B. neben einer Hecke). Der Untergrund sollte locker und luftdurchlässig sein, sodass Bodentiere aus der Erde in den Kompost gelangen können.

Anlegen eines Komposthaufens:
Den Untergrund sollte eine Schicht aus Rindenmulch oder Gehölzschnitt bilden. So kann das Regenwasser abfließen und der Kompost wird von unten gut durchlüftet.

Was darf kompostiert werden?
- sämtlicher Grünschnitt (Gras, Pflanzenreste etc.)
- alte gehäckselte Äste, Laub
- Essensreste (z. B. Obst-, Gemüse- und Eierschalen, Kaffeesatz, Teebeutel, Salat etc.), allerdings keine gekochten oder süßen Speisen!

Das kompostierbare Material wird auf den Komposthaufen gelegt. Wichtig ist, dass dieses gut durchmischt wird, damit der Kompost gut durchlüftet ist und möglichst viele Mikroorganismen die Nährstoffe zersetzen. Ab und zu kann eine Schicht Heu oder eine Schicht mit gehäckselten Ästen dazwischengestreut werden. Obst- und Gemüseschalen sollten zum Schutz vor Ratten gut verteilt und mit einer dünnen Schicht Erde bedeckt werden.

Damit der Kompost bei heißen Temperaturen nicht austrocknet und bei Regen nicht zu nass wird, sollte er mit einem Deckel aus Holz oder Wellblech (oder auch einem Kompostvlies) verschlossen werden.
Im Sommer muss regelmäßig überprüft werden, ob der Kompost noch feucht genug ist. Dies kann mit Hilfe einer „Faustprobe“ festgestellt werden: Eine Hand voll Kompost wird entnommen und zusammengedrückt. Tropft Wasser aus der Faust, ist der Kompost zu feucht. Krümelt die Erde, ist er zu trocken. Genau richtig ist der Kompost, wenn sich aus ihm ein dunkler Klumpen formen lässt.
Je nach Größe des Komposthaufens sollte dieser ein- bis zweimal pro Jahr in den anderen Behälter umgesetzt werden. Der entstandene Humus dient als Dünger für die Pflanzen im Garten oder auch im Innenbereich.

Hinweise:
Viele nützliche Tipps rund um das Thema „Komposthaufen“ finden Sie im Internet, zum Beispiel unter: http:// *www.kompostberatung.ch/home/s_kompostiere_bringts.html*
Dort gibt es auch eine Liste über alle Dinge, die (nicht) kompostiert werden dürfen.
In vielen Städten gibt es ehrenamtliche Kompostberater, die alle Fragen rund um die Kompostierung beantworten. Vielerorts bieten sie auch spezielle Info-Veranstaltungen rund um das Thema „Kompost“ für Kindergartenkinder an.

Unser Essen – ohne viel Verpackung (ab 3 Jahren)

Material:
Bildkarten „Lebensmittel“ (s. S. 33), 1 Schere, Buntstifte, Papier, evtl. 1 große Einkaufstüte aus Papier

Vorbereitung:
Die Karten werden ausgeschnitten und evtl. angemalt.

Spielmöglichkeit:
Die Bilder werden im Sitzkreis ausgebreitet und mit den Kindern genau betrachtet. Bestimmt werden diese dazu schon einige spontane Gedanken äußern. Im Anschluss fragt die Erzieherin, was den Kindern an den verschiedenen Lebensmitteln auffällt. Wie sind diese verpackt? In welches Material sind sie zum Beispiel eingewickelt? Entsteht eher viel oder wenig Müll, wenn man die Nahrungsmittel auspackt?

Anschließend sortieren die Kinder die Karten in zwei Gruppen: Lebensmittel, bei denen viel (Verpackungs-)Müll übrigbleibt, und Lebensmittel, bei denen kein oder nur wenig Abfall entsteht. Welche Lebensmittel kann man im Geschäft gar nicht ohne Verpackung kaufen? Diese können evtl. in eine dritte Gruppe einsortiert werden. Nachdem die Kinder alle Karten den Gruppen zugeordnet haben, überlegen sie gemeinsam: Welche Regeln können sie aufstellen, damit möglichst wenig Müll entsteht? Dies könnte zum Beispiel sein: Obst und Gemüse nur ohne Verpackung kaufen, beim Einkauf keine Plastik- oder Papiertüten kaufen, sondern Stoffbeutel und Taschen mit zum Einkaufen nehmen, Wasser in Glasflaschen kaufen oder aus dem Wasserhahn trinken, Milch direkt beim Bauern holen, Kekse selbst backen statt kaufen …

Zum Abschluss entwerfen die Kinder Bilder für den Gruppenraum, die sie daran erinnern, wie sie in Zukunft (gemeinsam mit den Erwachsenen) einkaufen möchten. Dazu können entweder die Bildkarten verwendet werden oder jedes Kind malt ein Nahrungsmittel mit oder ohne Verpackung und schneidet es aus.
Die unnötig in Plastik eingepackten Lebensmittel werden in ein Verbotsschild (mit rotem Rand) eingefügt und durchgestrichen. Nahrungsmittel ohne Verpackung werden auf eine Einkaufstüte aus Papier geklebt.

Variante:
Natürlich können Sie dieses Angebot auch mit echten Lebensmitteln anstelle der Bildkarten durchführen. Dies hat den Vorteil, dass die Kinder den entstandenen Verpackungsmüll deutlich vor Augen haben.

Bildkarten „Lebensmittel“ (ab 3 Jahren)

Gemüsepuffer (ab 3 Jahren)

Zutaten (für etwa 20 – 25 Puffer):
Gemüsereste, z. B. 150 g Möhren, 150 g Zucchini, 200 g Kartoffeln, 2 Eier, 2 Esslöffel Mehl, Salz, Pfeffer, Sonnenblumenöl

Arbeitsmittel:
1 Brettchen, 1 Messer, 1 Reibe, 1 große Schüssel, 1 Esslöffel, 1 großer Teller, 1 Pfanne, 1 Pfannenwender, 1 Herd

Zubereitung:
1. Die Gemüsereste werden ggf. geschält, gewaschen und grob gerieben.
2. In einer Schüssel werden die Gemüsereste miteinander vermengt. Die Eier, das Mehl, Salz und Pfeffer werden hinzugegeben und mit dem Gemüse gut vermischt.
3. Aus dem Gemüsebrei werden kleine Puffer geformt. Diese werden in der Pfanne im Öl so lange angebraten, bis sie auf beiden Seiten goldbraun sind.

Bananenquark (ab 2 Jahren)

Zutaten:
6 braune Bananen, 1 kg Quark, 2 Päckchen Vanillezucker, 1 großer Becher Naturjoghurt

Arbeitsmittel:
1 Gabel, 1 großer Teller, 1 große Schüssel, 1 Rührlöffel

Zubereitung:
Die Bananen werden geschält und auf dem großen Teller mit der Gabel zerdrückt. Danach kommen sie in die Schüssel. Nacheinander werden der Quark, der Vanillezucker und der Naturjoghurt untergehoben und vermischt.

Variante:
Der Quark schmeckt auch gut mit pürierten Früchten der Saison, zum Beispiel Erdbeeren, Johannisbeeren, Heidelbeeren, Birnen ...

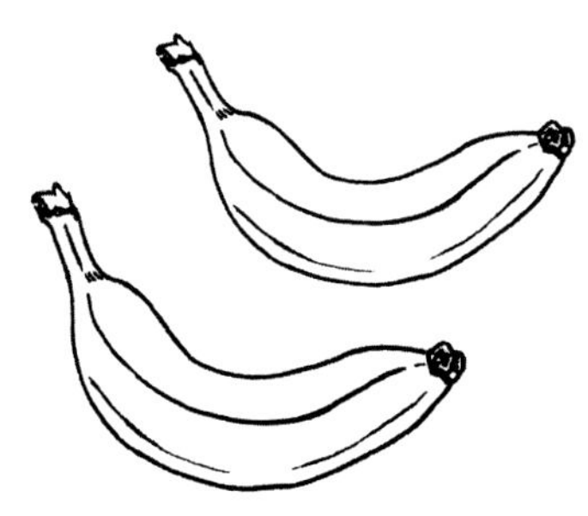

Apfelkompott (ab 3 Jahren)

Zutaten (für etwa 600 g Apfelkompott):
1 kg Äpfel, 2 Zimtstangen, Wasser, evtl. Zucker

Arbeitsmittel:
Messer, Brettchen, 1 großer Topf mit Deckel, 1 Messbecher, 1 Herd, 1 Pürierstab

Zubereitung:
1. Die Äpfel werden gewaschen und in kleine Stücke geschnitten. Die Kerngehäuse und Stiele werden entfernt.
2. Nun werden die Äpfel mit den Zimtstangen in den Topf gegeben. Etwa 50 ml Wasser werden hinzugefügt.
3. Bei geschlossenem Deckel wird das Wasser zum Köcheln gebracht. Anschließend müssen die Apfelstücke 10 – 30 Minuten auf der kleinsten Stufe ziehen, bis sie weich sind.
4. Zum Schluss muss der Kompott etwas abkühlen, ehe er püriert werden kann.
5. Bei Bedarf kann der Apfelkompott mit etwas Zucker gesüßt werden.

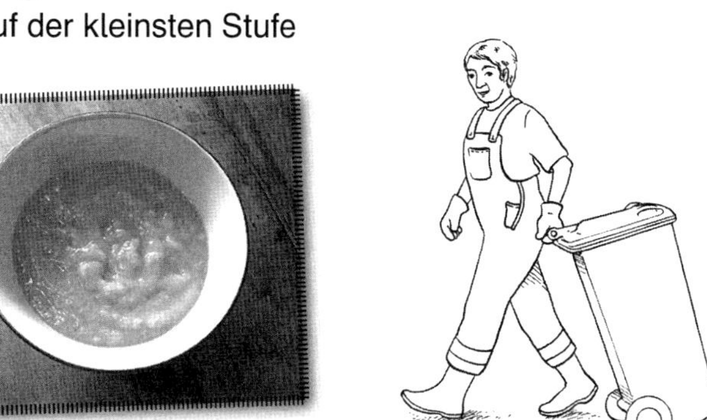

Bilder-Kopiervorlage von Zutaten und Haushaltsgegenständen

Gemüsepuffer

Bananenquark

Apfelkompott

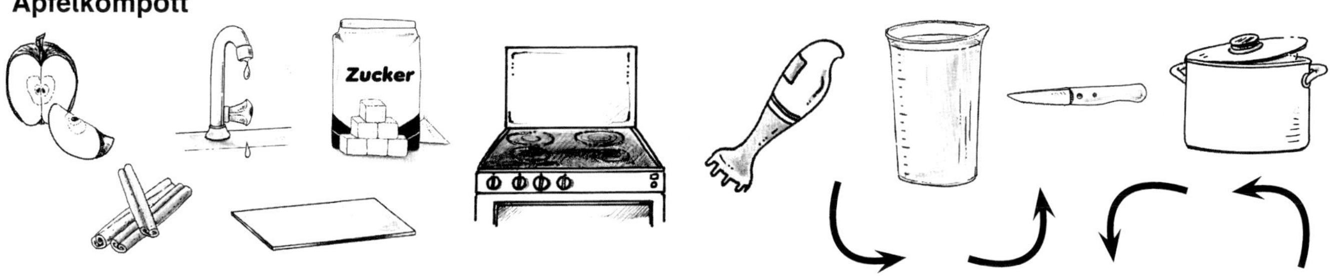

Das Müllauto (ab 4 Jahren)

Verbinde die Zahlen von 1 bis 20. Was kommt dabei heraus?

Male das Bild bunt an.

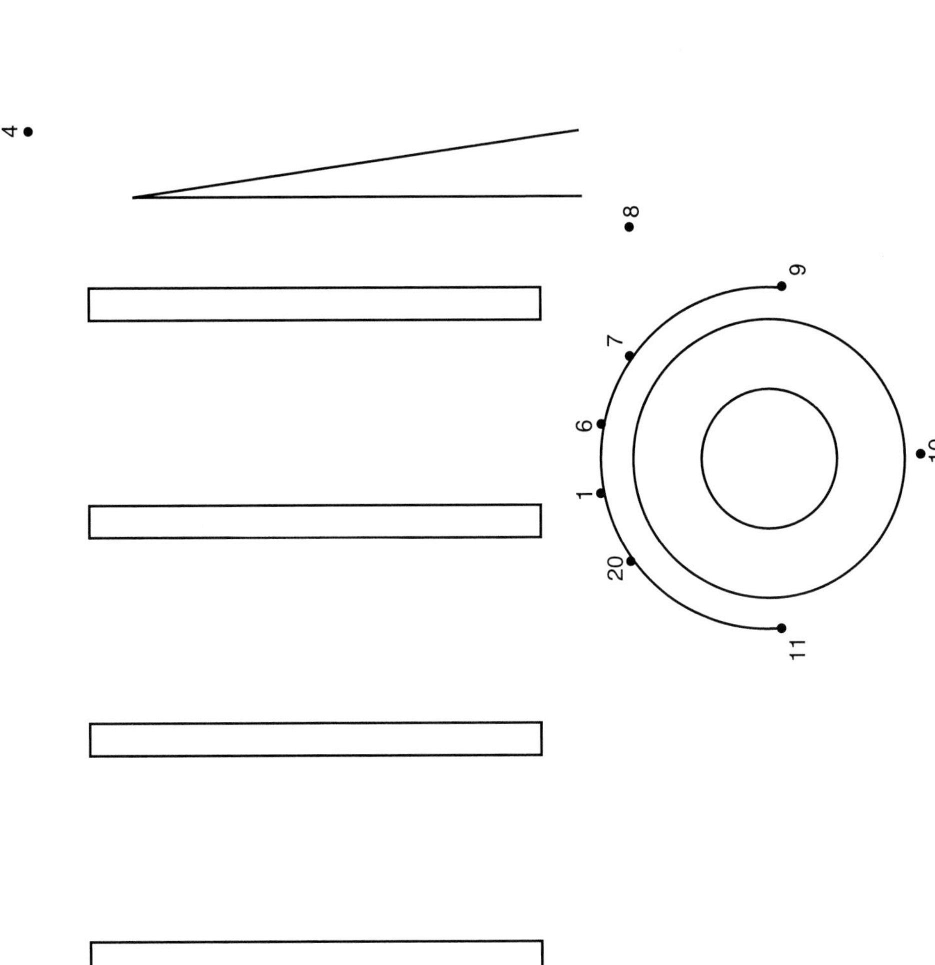

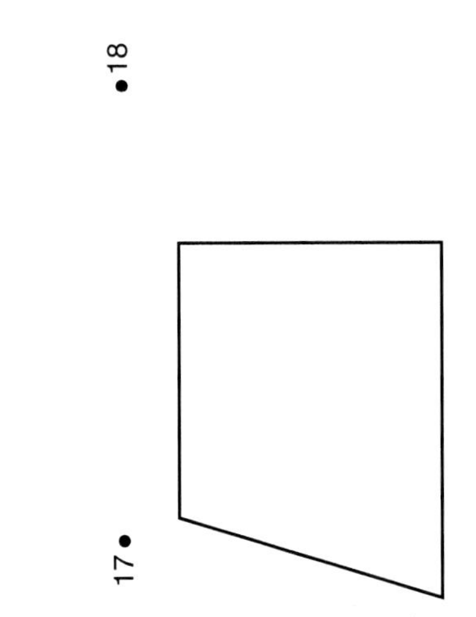

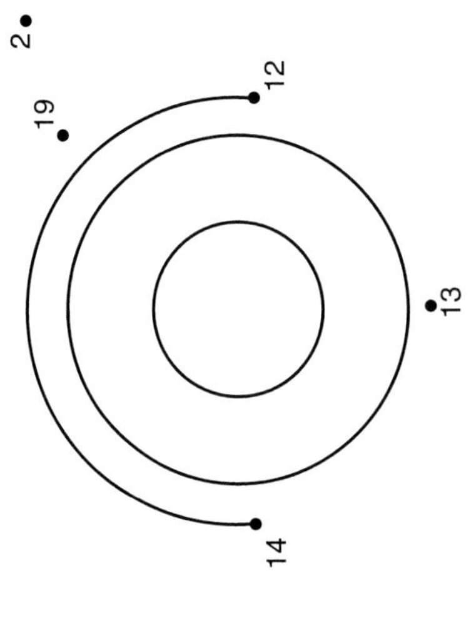

Wie viele sind es? (ab 3 Jahren)

Wie viele Dinge siehst du? Zähle sie.

Verbinde sie dann mit der richtigen Zahl.

Weißt du, in welche Tonne / in welchen Müllbehälter sie gehören?

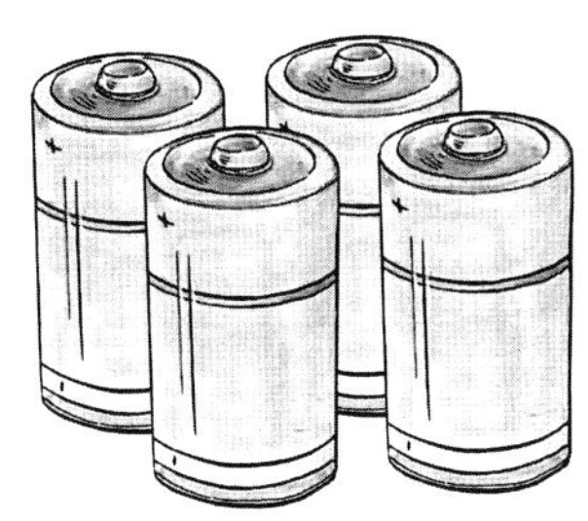

Zähle die Dinge (ab 4 Jahren)

Wie viele Mülltonnen, Müllautos, Kehrmaschinen und Glascontainer siehst du? Zähle sie.

Schreibe die richtige Zahl in die Kästchen.

Male das Bild dann bunt an.

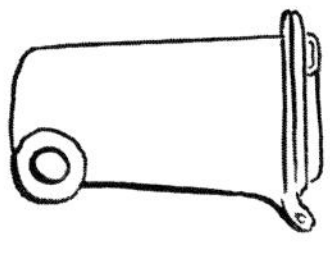

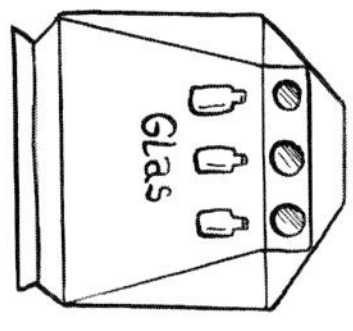

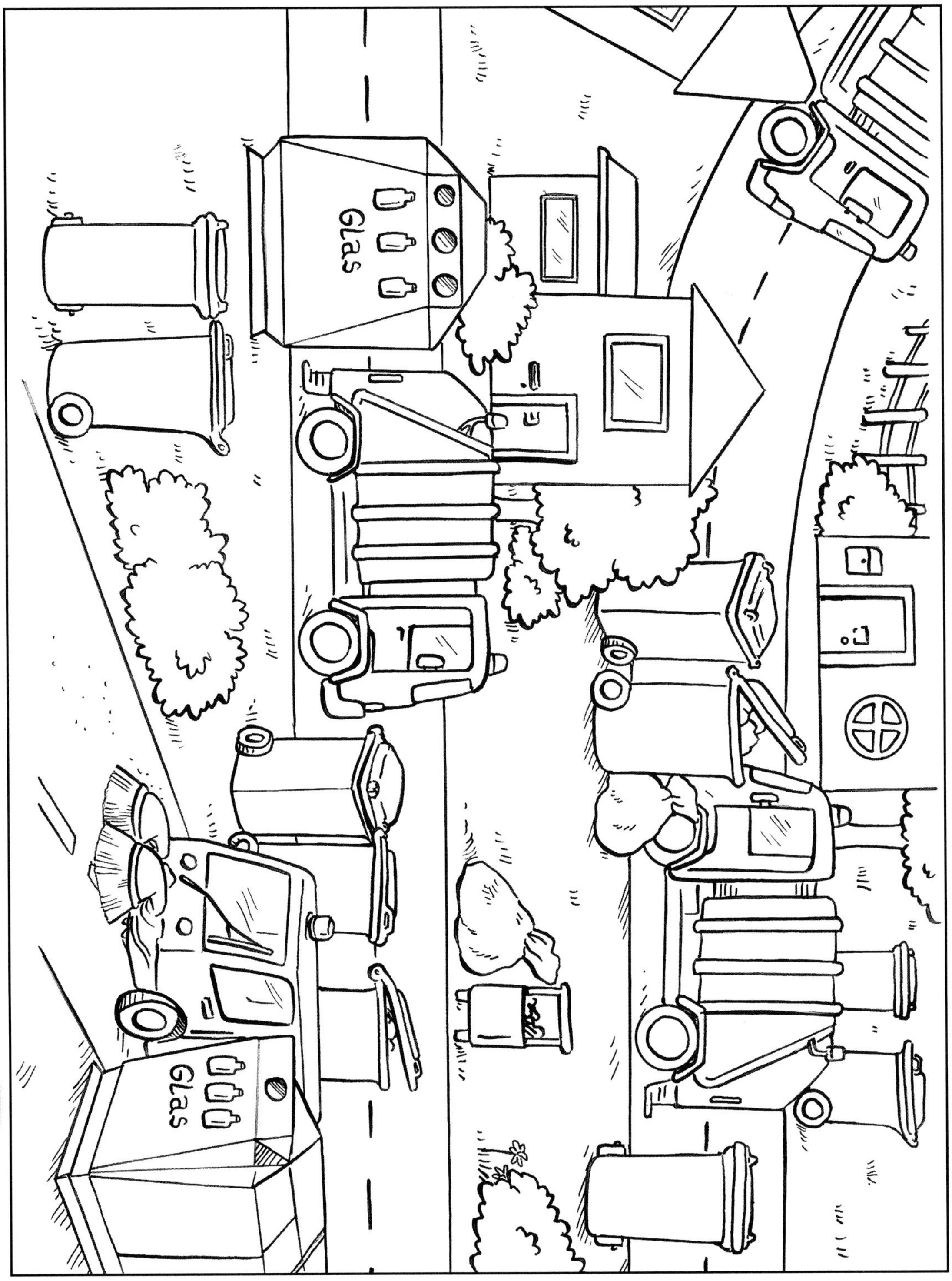

BVK • Teresa Zabori: Kita aktiv „Projektmappe Müll“

Wir wiegen den Müll (ab 4 Jahren)

Material:
unterschiedlicher Müll (z. B. Wurst- oder Käseverpackung, Konservendose, Marmeladenglas, Zahnpastatube, Müslipackung, Joghurtbecher, Apfelkitsche, Plastik- oder Glasflasche etc.), 1 Waage (z. B. eine Balkenwaage)

Arbeitsanleitung:

1. Die Kinder nehmen die verschiedenen Gegenstände in die Hände und schätzen, wie schwer diese sein könnten: Ist das Marmeladenglas zum Beispiel schwerer als die Plastikflasche? Oder wiegt die Plastikflasche mehr als die Müslipackung?
2. Gemeinsam versuchen die Kinder dann, die Materialien in die richtige Reihenfolge von leicht nach schwer zu bringen.
3. Mit Hilfe der Waage überprüfen sie anschließend, ob jeder Gegenstand an dem richtigen Platz steht oder ob einige Dinge getauscht werden müssen.
   Zum Schluss betrachten die Kinder die Müllstücke und versuchen, Regeln für die unterschiedlichen Materialien abzuleiten: So ist Glas zum Beispiel schwerer als Plastik und Papier.

Tonnen hüpfen (ab 3 Jahren)

Material:
Kreide in unterschiedlichen Farben, Musik, 1 CD-Player

Vorbereitung:
Im Freigelände werden mit Kreide mehrere große Mülltonnen in unterschiedlichen Farben auf den Boden gemalt. In jede Mülltonne wird eine andere Zahl geschrieben (z. B. von 1 bis 5 – insgesamt mindestens so viele wie Kinder mitspielen). Für die Kinder, die die Ziffern noch nicht kennen, können zusätzlich farbige Punkte in der jeweiligen Anzahl in die Tonnen gemalt werden.

Spielmöglichkeit:
Die Kinder bewegen sich frei zur Musik. Wenn diese stoppt, müssen sie schnell in eine Tonne hüpfen. Aber Achtung: Es dürfen sich immer nur so viele Kinder in den Tonnen befinden, wie die entsprechende Zahl lautet. Die Kinder vergleichen ihre Anzahl mit der aufgemalten Zahl und wechseln so lange die Tonnen, bis es passt.

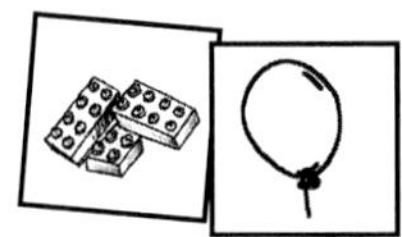

Ein Abschlussfest zum Projektthema „Müll“ (ab 2 Jahren)

Vorbereitungen:

- Die Einladungskarten (s. S. 41) werden gestaltet und an die Eltern verteilt.
- Im Gruppenraum werden im Rahmen einer kleinen Ausstellung einige „Ergebnisse“ des Projektthemas präsentiert. Dies können zum Beispiel die selbstgebastelten „Müll-Autos“ der Kinder (s. S. 21), Plakate zur korrekten Mülltrennung (s. S. 26) oder Fotos der Kinder von ihrer Arbeit an den unterschiedlichen Aktionen sein.
- Das Lied „Die Müllabfuhr“ (s. S. 18) wird mit allen Kindern eingeübt.
- Das Spiel „Wer findet das Müllmonster?“ (s. S. 41 / 42) wird vorbereitet.
- Die Bastelmaterialien für die Müllmonster (s. S. 43) werden bereitgelegt.
- Die Stationen für den Müll-Parcours (s. S. 49 / 50) werden aufgebaut.
- Bereiten Sie entweder gemeinsam mit den Kindern ein kleines Buffet aus den Rezepten zur Resteverwertung (s. S. 34 / 35) vor oder bitten Sie die Eltern, etwas mitzubringen.

Ablauf des Festes:

1. Begrüßung

Die Erzieherin begrüßt die Kinder, Eltern und Geschwisterkinder. Sie erzählt, dass sich die Kinder in den letzten Wochen mit dem Thema „Müll“ beschäftigt haben und stellt einige Aktionen und Ergebnisse vor.

2. Lied „Die Müllabfuhr“ (s. S. 18)

Gemeinsam mit den Erzieherinnen singen die Kinder das Lied.

3. Spiel „Wer findet das Müllmonster?“ (s. S. 41 / 42)

Die Kinder folgen der Müllspur, beantworten Fragen zum Thema und versuchen, das kleine Müllmonster zu finden.

4. Bastelangebot „Müllmonster basteln“ (s. S. 43)

Im Anschluss an die Müllmonster-Suche kann jedes Kind ein eigenes kleines Müllmonster basteln. Alternativ oder zusätzlich können sich die Kinder als Monster schminken lassen.

5. Müll-Parcours (s. S. 49 / 50)

Nun können die Kinder den Müll-Parcours durchlaufen und die verschiedenen Aufgaben bewältigen. Je nach Platz und vorhandenen Materialien kann der Parcours auch um einige Stationen erweitert oder gekürzt werden.

6. Ausklang

Im Anschluss können sich die Eltern und Kinder am Buffet stärken.

Einladungskarte für die Eltern

Liebe Eltern,

in den letzten Wochen haben wir uns intensiv mit dem Thema „Müll“ auseinandergesetzt. Wir haben gelernt, wie wir den Müll richtig einsortieren und viel unnötigen Müll vermeiden können. Zum Abschluss möchten wir Ihnen gerne einen Einblick in unsere Arbeit geben und das Projekt im Rahmen eines Festes zum Thema „Müll“ mit Ihnen gemeinsam ausklingen lassen.

Das *Fest* findet

am ______________________________

um ____________________ Uhr

in ____ statt.

Wir freuen uns auf Ihr Kommen.

Bitte geben Sie den unteren Abschnitt ausgefüllt bis zum ______________ wieder ab.

✂ ....

Name: ____

☐ Wir kommen mit _______ Personen.

☐ Wir können leider nicht kommen.

✂ ....

Fragekärtchen zu „Spiel: Wer findet das Müllmonster?“ (ab 3 Jahren)

1. Welche Farbe hat die Müllabfuhr?	2. Nennt einige Dinge, die in die Papiertonne gehören.	3. Malt, was auf den Komposthaufen kommt.
4. Welche Fahrzeuge kennt ihr, die den Müll abholen oder die Straße reinigen?	5. Schließt eure Augen und fühlt: Woraus bestehen diese Dinge?	6. Was gehört alles in die gelbe Tonne?
7. Schafft ihr es, alle Milchtüten aufeinanderzustapeln?	8. Wohin bringt die Müllabfuhr den Müll?	9. Ich glaube, das Müllmonster ist ganz in der Nähe. Schaut einmal, ob ihr es entdeckt!

Spiel: Wer findet das Müllmonster? (ab 3 Jahren)

Material:
9 verschiedene saubere Verpackungen (z. B. leere Toilettenpapierrollen, leere Konservendosen (scharfe Kanten überkleben), Wurst- oder Käseverpackungen, aufgeschnittene Milchtüten etc.), 1 dicker Filzstift, Kreide, 1 Korb, mehrere saubere Müllgegenstände (s. u.), 10 leere, gut ausgespülte Milchtüten, Bastelmaterialien für das Müllmonster (s. S. 43), Fragekärtchen (s. S. 41)

Vorbereitung:
Ein Müllmonster wird gebastelt (s. S. 43). Die Fragekarten (s. S. 41) werden kopiert und in die verschiedenen Verpackungen (s. o.) gesteckt.
Auf die Verpackungen werden groß und deutlich die Zahlen 1 bis 9 geschrieben. Anschließend werden sie so an unterschiedlichen Plätzen im Außengelände versteckt, dass sie von den Kindern entsprechend der Nummerierung nacheinander gefunden werden können. Das Müllmonster wird in der Nähe der Karte Nr. 9 versteckt, aber so gut, dass es nicht versehentlich vorher gefunden wird.
Die folgenden Stationen müssen vorbereitet werden:
Station 3: Mit Kreide wird ein großer Komposthaufen auf den Boden gemalt. Mehrere Kreidestücke werden für die Kinder bereitgelegt.
Station 5: In einem Korb werden mehrere saubere Müllgegenstände (z. B. leere Plastikflasche, zerknülltes Zeitungspapier, leeres Honigglas etc.) bereitgestellt.
Station 7: Hier werden zehn leere Milchtüten (in der gleichen Größe) bereitgestellt.

Spielmöglichkeit:
Die Erzieherin versammelt die Kinder um sich herum und erzählt ihnen die folgende Geschichte:

Heute Nacht, als alle geschlafen haben, ist das kleine Müllmonster gekommen und hat hier sein Unwesen getrieben. Das Müllmonster lebt in der Mülltonne und ernährt sich von den Dingen, die wir wegwerfen. Aber es macht auch gerne Quatsch. Den ganzen Müll, den wir so schön einsortiert haben, hat es wieder aus den Mülltonnen herausgeholt und hier draußen versteckt. Um das Monster zu finden, müssen wir der Müllspur folgen, sie wird uns zu ihm führen. Allerdings müssen wir vorher einige Aufgaben lösen.
Meint ihr, wir schaffen das?

Nun geht die Suche nach dem Müllmonster los. Die Kinder suchen nach dem Müllstück mit der Nummer 1. Haben sie dieses gefunden, liest die Erzieherin die Frage bzw. Aufgabe vor, die die Kinder lösen müssen, ehe sie nach der nächsten Karte Ausschau halten.

Bastelangebot: Viele kleine Müllmonster (ab 3 Jahren)

Material:
Scheren, Kleber, Stifte, lange Papierstreifen, Kopiervorlage „Müllmonster" (s. u.)

Vorbereitung:
Die Müllmonster werden mehrfach kopiert.

Arbeitsanleitung:
Die Kinder schneiden die Müllmonster entlang der Linien aus und malen sie bunt an. Anschließend falten sie aus den Papierstreifen Beine („Hexentreppen") und kleben sie an den Körper. Fertig sind die Müllmonster!

Wo siehst du Müll? (ab 3 Jahren)

Sieh dir das Bild an. Wo ist überall Müll? Streiche den Müll durch.
Male das Bild dann bunt an.

Kim-Spiel: Papier, Plastik, Glas oder Holz? (ab 3 Jahren)

Material:
Tücher zum Verbinden der Augen, 1 große Decke, Gegenstände aus den unterschiedlichen Materialien Papier, Plastik, Glas und Holz (z. B. 1 alte Zeitung oder 1 Zeitschrift, 1 Brötchentüte, 1 Toilettenpapierrolle, 1 Müslikarton, 1 leerer Joghurtbecher, 1 Käse- oder Wurstverpackung, 1 leere Nudelverpackung, 1 Milchtüte, Frischhaltefolie, 1 Zahnpastatube, 1 Plastikflasche, 1 leeres Marmeladen- oder Honigglas, 1 Glasflasche, Bauklötze und anderes Spielzeug aus Holz, Äste, Kochlöffel aus Holz …)

Vorbereitung:
Die unterschiedlichen Dinge werden auf den Boden gelegt und unter einer Decke versteckt.

Spielmöglichkeit:
Den Kindern werden, wenn sie mögen, die Augen verbunden und ihnen werden nacheinander unterschiedliche Gegenstände in die Hand gegeben. Sie sollen diese mit ihren Händen erkunden und dabei beschreiben, wie sich die Dinge anfühlen (z. B. fest, glatt, rau, kantig, weich …). Sie dürfen die Gegenstände auch zusammendrücken, versuchen, sie zu zerreißen oder mit ihnen leicht auf den Tisch klopfen, um zu erfahren, wie sie sich anhören. Natürlich dürfen die Kinder auch an den Dingen schnuppern.
Dann geben sie an, ob sich der Gegenstand gut anfühlt oder eher nicht. Alle Gegenstände werden nach der Einschätzung der Kinder in zwei Gruppen sortiert: „Fühlt sich gut an." / „Fühlt sich nicht gut an."

Nachdem alle Dinge mit den Händen erkundet wurden, werden die Augenbinden entfernt. Die Kinder sehen sich die Gegenstände an und besprechen gemeinsam mit der Erzieherin, aus welchem Material sie bestehen und welche Eigenschaften dieses hat. Dabei können einzelne Dinge gut miteinander verglichen werden (z. B. eine Glasflasche ist schwer und hart, eine Plastikflasche ist leicht und lässt sich oft eindrücken). Hierbei können spielerisch auch Komparativ- und Superlativformen („schwerer als …" / „am schwersten" …) angewendet werden. Alle Dinge werden nach den Materialien, aus denen sie bestehen, in vier Gruppen sortiert.

Anschließend werden den Kindern noch einmal die Augen verbunden und ihnen werden einzelne Gegenstände zum Tasten in die Hände gedrückt. Diesmal raten die Kinder: Besteht der Gegenstand aus Papier, Plastik, Glas oder Holz?

Der Weg der Müllabfuhr (ab 4 Jahren)

Die Müllabfuhr hat viel zu tun.

Fahre mit dem Stift an den Tonnen vorbei und bringe den Müll zu der Müllverbrennungsanlage.

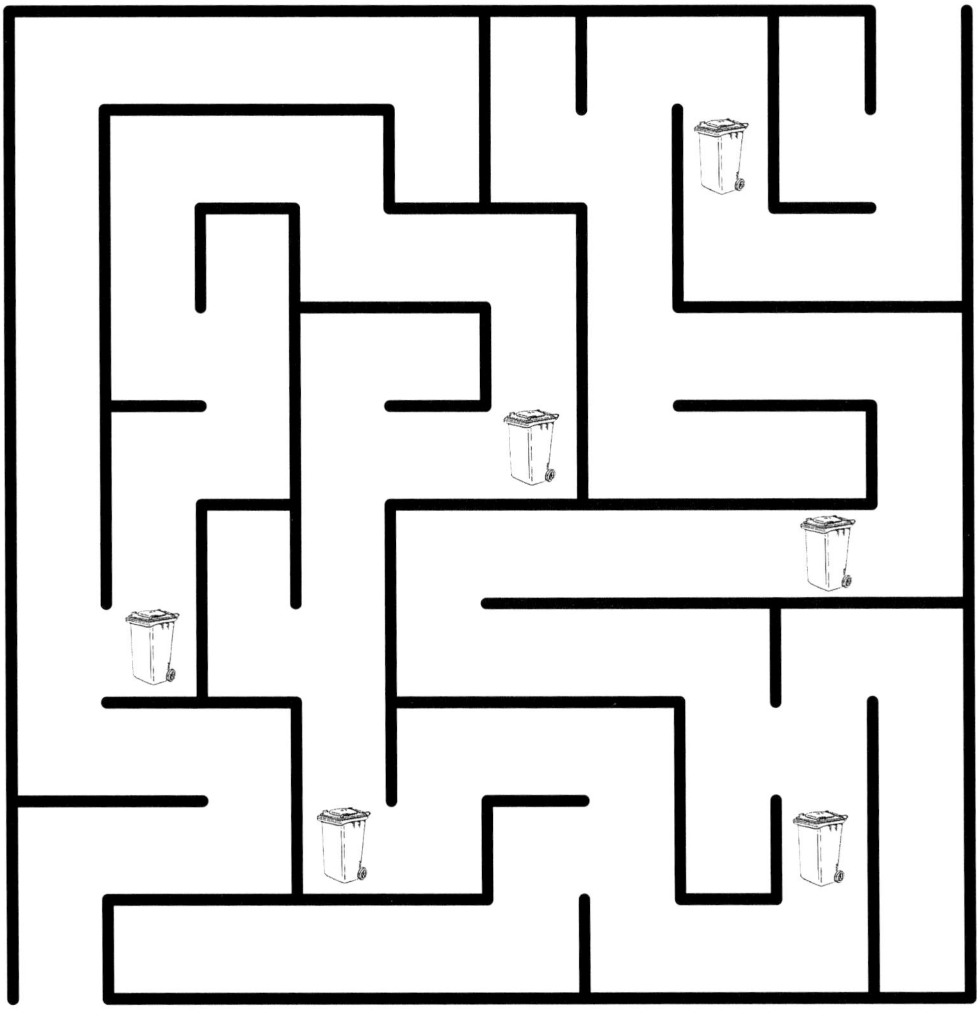

BVK • Teresa Zabori: Kita aktiv „Projektmappe Müll"

Wer fährt welches Fahrzeug? (ab 3 Jahren)

Zu welchen Fahrzeugen gehören die Menschen?

Fahre die Linien in unterschiedlichen Farben nach.

Male in der gleichen Farbe auch die Menschen und Fahrzeuge an.

Weißt du, wie die Fahrzeuge heißen, und was sie machen?

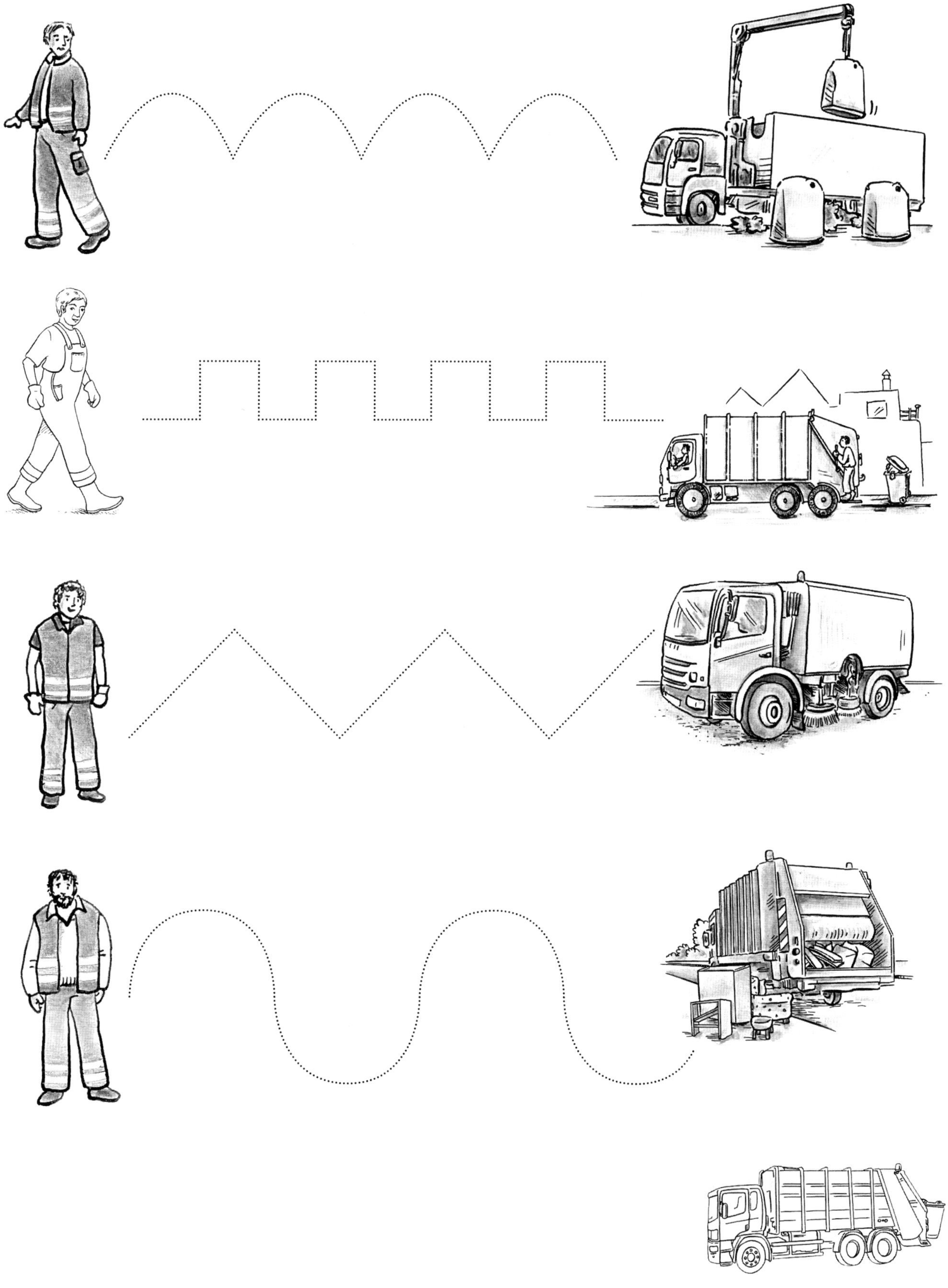

Die Müllabfuhr fährt um die Wette (ab 3 Jahren)

Material:
2 Rollbretter, 2 Seile, 2 große Kartons, 2 Grillzangen, 4 Warnwesten, 1 Stoppuhr, jede Menge sauberer Müll (z. B. leere Käse- oder Wurstverpackungen, Milchtüten, Joghurtbecher, Zahnpastatuben, Zeitungen, Müslikartons, alte Zahnbürsten, kaputte Spielsachen, andere Alltagsgegenstände)

Vorbereitung:
Der Müll wird im Bewegungsraum verteilt. Dabei sollte darauf geachtet werden, dass noch genug Platz für die beiden Müllautos zum Fahren bleibt.

Spielmöglichkeit:
Die Kartons werden auf die Rollbretter gestellt, sodass zwei Müllwagen entstehen. An die Rollbretter wird jeweils ein Seil geknotet. In jedem Durchgang können vier Kinder gemeinsam spielen. Diese ziehen sich die Warnwesten an. In jedes Müllauto setzt sich ein Kind mit einer Grillzange.
Nun treten beide Paare gegeneinander an. Je ein Kind zieht den Müllwagen durch die „Straßen" und sein Partner versucht, so viel Müll wie möglich mit der Grillzange in das Müllauto einzusammeln. Nach einer bestimmten Zeit ruft die Erzieherin „Stopp!" und die Kinder zählen die Verpackungen & Co.
Die Müllabfuhr, die die meisten Müllstücke eingesammelt hat, hat gewonnen. Anschließend sind die nächsten vier Kinder an der Reihe.

Flaschen-Kegeln (ab 3 Jahren)

Material:
9 leere Plastikflaschen, Sand, 2 Bälle, Fingerfarben, Malkittel, Unterlagen, evtl. 1 Spieltafel und Kreide oder 1 Stift und 1 großes Blatt Papier

Vorbereitung:
Die Kinder malen die Flaschen bunt an und lassen sie trocknen. Dann wird Sand in die Flaschen gefüllt. Die Menge des Sandes hängt von der Größe der Flaschen und dem Material des Balls ab. Es sollte so viel Sand eingefüllt werden, dass die Kegel stabil stehen, aber durch den Ball dennoch gut umgeworfen werden können.

Spielmöglichkeit:
1. Die Kegel werden auf einer ebenen Fläche im Freien oder im Bewegungsraum aufgestellt: In die hinterste Reihe werden fünf, davor drei und ganz vorn wird ein Kegel aufgestellt.
2. Nun werden die Kinder in zwei Gruppen aufgeteilt und der Wettkampf kann beginnen: Welches Team schafft es, möglichst viele Treffer zu erzielen? Jedes Kind darf dreimal hintereinander versuchen, mit dem Ball möglichst viele Kegel zu Fall zu bringen. Ist eine Flasche umgefallen, bleibt sie liegen. Erst für den nächsten Spieler werden wieder alle Kegel aufgestellt. Die Kinder aus den beiden Gruppen wechseln sich immer ab. Die Erzieherin notiert die Treffer der beiden Gruppen anhand von Strichen an der Tafel. So können die Kinder den Punktestand gut nachvollziehen. Nach einer bestimmten Anzahl von Durchgängen hat das Team mit den meisten Treffern gewonnen.

Müll-Parcours (1) (ab 3 Jahren)

Material:
große Pappkartons, große Tücher, Kreppklebeband, 1 Cutter, 1 Schere, alte Zeitungen, etwa 9 Mülleimer (oder ca. 5 Kegel und 4 Mülleimer), 1 Esslöffel, 10 leere Joghurtbecher, 1 Tennisball, mehrere Behälter zum Aufbewahren, 10 Schuhkartons, Kreide oder Seile, 1 Wanne, Wasser, 1 Suppenkelle oder 1 Kescher, diverse gereinigte Müllstücke (z. B. Joghurtbecher, Trinkpäckchen, kleine Zahnpastatuben, leere Seifenblasendosen, zusammengeknüllte Zeitungsstücke o. Ä.), weitere Abfälle aus Plastik, Papier und Materialien, die in die Restmülltonne gehören, viele leere Milchtüten, Tetra Paks® o. Ä., viele leere Konservendosen

Vorbereitung:
Aus den Materialien wird im Freigelände ein Parcours (s. u.) aufgebaut, den die Kinder in unterschiedlichen Stationen durchlaufen. An jeder Station sollte eine Aufsichtsperson stehen.

Spielmöglichkeit:
1. Station: Ein Tunnel aus Pappkartons
In die Pappkartons werden jeweils an zwei Seiten Öffnungen geschnitten, sodass die Kinder gut hindurchkriechen können. Die Öffnungen können unterschiedlich groß sein und verschiedene Formen haben. Im Parcours werden sie mit einem kleinen Abstand hintereinander aufgestellt und mit Kreppklebeband miteinander verbunden. Die Zwischenstücke werden mit Tüchern abgedeckt, sodass ein langer, zusammenhängender Tunnel entsteht.
Nacheinander begeben sich die Kinder auf eine Kriechtour durch den Tunnel.

2. Station: Zeitungskugel-Lauf
Die Zeitungen werden zu kleinen Kugeln geknüllt, sodass sie jeweils gut auf einen Esslöffel passen.
Mehrere Mülleimer werden mit einem kleinen Abstand in einer Reihe hintereinander aufgestellt.
Der letzte Mülleimer ist offen und leer.
Die Kinder versuchen, die Zeitungspapierkugel auf dem Esslöffel im Slalom um die Mülleimer herum zu balancieren, ohne dass sie herunterfällt. Am Ende des Parcours werfen sie die Kugel in den letzten Mülleimer und laufen zurück zum Start, um dem nächsten Spieler den Esslöffel zu überreichen.

3. Station: Eine Pyramide aus Joghurtbechern
Die Joghurtbecher werden in einem Behälter bereitgestellt. Die Kinder haben die Aufgabe, möglichst alle Joghurtbecher zu einer Pyramide aufzustapeln. Das nächste Kind darf mit dem Tennisball versuchen, die Pyramide zum Einstürzen zu bringen, ehe es eine neue Pyramide errichtet.

4. Station: Durch Schuhkartons waten
Zehn große Schuhkartons werden mit der Öffnung nach oben in zwei Reihen nebeneinandergestellt. Schaffen die Kinder es, diese zu durchwaten, ohne umzufallen oder danebenzutreten?

5. Station: Müll aus dem Wasser fischen
Eine Wanne wird mit Wasser gefüllt. Dort hinein werden einige (gereinigte) Abfälle gegeben. Die Kinder versuchen, möglichst alle Müllstücke mit der Suppenkelle oder dem Kescher aus dem Wasser zu fischen.

Müll-Parcours (2) (ab 3 Jahren)

6. Station: Müll einsortieren
In einen Behälter werden gereinigte Abfälle aus Plastik, Papier und anderen Materialien („Restmüll") gefüllt. In einigem Abstand werden drei Mülleimer mit passenden farblichen Kennzeichnungen (z. B. gelb, blau und schwarz) bzw. aufgeklebten Beispiel-Bildern aufgestellt.
Die Kinder lösen diese Aufgabe zu zweit: Schaffen sie es gemeinsam, alle Materialien in die richtigen Tonnen zu werfen?

7. Station: Über die Mauer springen
Aus Milchtüten wird eine kleine Mauer gebaut. Können die Kinder über diese hinüberspringen, ohne dass sie einstürzt?

8. Station: Balancieren auf Dosen
Große, leere Konservendosen werden versetzt in Schrittlänge der Kinder hintereinandergestellt. Die Kinder versuchen, über diese hinüberzubalancieren, ohne herunterzufallen.
Beim Balancieren sollte stets eine Erzieherin die Kinder begleiten, damit sie nicht hinfallen oder Konservendosen umfallen.

Wir bringen den Müll zur Deponie (ab 3 Jahren)

Material:
viele saubere Verpackungsmaterialien (z. B. große Pappkartons, leere Küchen- und Toilettenpapierrollen, Milchverpackungen, Käse- oder Wurstverpackungen ...), Kreide oder Seile, 1 Stoppuhr

Vorbereitung:
Alle Verpackungsmaterialien werden im Freien zu einem großen Berg aufgeschichtet. In einiger Entfernung werden mit Hilfe der Kreide oder der Seile zwei Stellen in gleicher Entfernung (= Mülldeponien) markiert.

Spielmöglichkeit:
Die Kinder werden in zwei Gruppen aufgeteilt. Jede Gruppe erhält die Aufgabe, innerhalb einer bestimmten Zeit möglichst viele Verpackungen auf ihre Mülldeponie zu bringen. Dazu stellen sich die Kinder in zwei Reihen auf. Nacheinander nimmt jeweils ein Kind aus jeder Gruppe drei Müllstücke und trägt diese hinter die Ziellinie. Dabei darf es in jeder Hand allerdings nur jeweils einen Gegenstand halten – den dritten muss es zwischen den anderen beiden Verpackungen transportieren. Wenn die Zeit abgelaufen ist, ruft die Erzieherin „Stopp!" (Jedes Kind sollte bis dahin mindestens einmal den Weg zur Mülldeponie gelaufen sein.). Die Kinder laufen nun zur Mülldeponie ihrer Gruppe und versuchen gemeinsam, aus den Verpackungen einen möglichst hohen Turm zu bauen. Die Gruppe, die es schafft, den höheren Turm zu bauen, hat gewonnen.

Bewegungsgeschichte: Die Müllwerker (ab 3 Jahren)

Material:
1 großer Kasten, 2 kleine Kästen, viele leere Mülleimer oder ähnliche Dinge (z. B. große Pappkartons), einige Decken

Vorbereitung:
Die Decken werden in einer Ecke des Bewegungsraumes ausgebreitet. Sie sollten groß genug sein, damit sich alle Kinder auf ihnen hinlegen können.
Aus den Kästen wird am anderen Ende des Bewegungsraumes ein Müllauto gebaut: Hinter den großen Kasten wird ein kleiner aufgestellt. Auf den kleinen Kasten wird der andere kleine Kasten verkehrt herum (mit der Öffnung nach oben) gesetzt. Die Mülleimer werden in zwei Reihen mit einigem Abstand zur Wand an die Seitenwände gestellt.

Spielmöglichkeit:
Die Erzieherin liest den Text vor. Die Kinder bewegen sich pantomimisch passend zur Geschichte.
Bei ... bitte jeweils eine kurze Erzählpause einlegen.

Geschichte:
Alle Müllwerker liegen in ihren Betten und schlafen. Rrrrring! Der Wecker klingelt. Müde setzen sich die Müllwerker auf. Sie gähnen und recken und strecken ihre Arme und Beine ... Noch ganz verschlafen reiben sie sich ihre Augen ... Langsam stehen sie auf und recken und strecken sich noch einmal ganz kräftig ... Dann ziehen sich die Müllwerker an. Zuerst schlüpfen sie in ihre Arbeitshosen ... Als Nächstes ziehen sie sich ihre T-Shirts an und streifen sich die Warnwesten über ... Sie ziehen ihre Socken an und steigen in die schweren Arbeitsstiefel ... Dann setzen sie sich die Mützen auf den Kopf und ziehen sich die Arbeitshandschuhe über ... Nun kann es losgehen!

Die Müllwerker laufen fröhlich zur Arbeit. Sie schauen auf die Uhr: Oje, es ist ja schon ganz schön spät! Jetzt müssen sie sich aber beeilen: Sie rennen so schnell sie können ... Endlich kommen sie bei der Müllabfuhr an. Dort legen sie gleich mit der Arbeit los: Jeder Müllwerker nimmt sich einen Besen und kehrt erst einmal kräftig den Bürgersteig ... Dann wird der ganze Dreck auf ein Kehrblech gefegt ... und anschließend in eine Mülltonne gekippt. Das sieht ja schon viel besser aus!

Jetzt spritzen die Müllwerker mit einem Schlauch den Bürgersteig sauber. Sie brauchen ganz schön viel Wasser, denn besonders die vielen Kaugummis kleben ganz schön zäh am Boden ... Mit einem Messer kratzen die Müllwerker die restlichen Kaugummis ab ... So, nun glänzen Bürgersteig und Straße wieder!

Jetzt müssen noch die Mülltonnen am anderen Ende des Raumes abgeholt werden. Jeder Müllwerker sucht sich eine Mülltonne und kippt den Abfall – nacheinander – in das „Müllauto" ... Dann bringen die Müllwerker die Tonnen wieder an ihren Platz zurück.

Vom vielen Arbeiten sind die Müllwerker ganz schön müde geworden. Sie gähnen und gehen langsam nach Hause. Dort ziehen sie sich ihre Arbeitskleidung aus ..., duschen ..., schlüpfen in den Schlafanzug ..., putzen sich die Zähne ... und legen sich todmüde ins Bett. Gute Nacht!

Ein Müll-Häuschen (ab 2 Jahren)

Material:
viele Verpackungsmaterialien (z. B. große Pappkartons, leere Küchen- und Toilettenpapierrollen, Milchverpackungen, Plastiktüten ...), alte Stoffreste, Scheren, Kleister oder Kleber, Kreppklebeband, Pinsel, Finger- oder Wasserfarben, evtl. Wasserbecher, Unterlagen, Malkittel

Vorbereitung:
Die Kinder werden gebeten, einige der oben genannten Materialien von zu Hause mitzubringen.

Spielmöglichkeit:
Die Kinder versuchen gemeinsam, aus den mitgebrachten Materialien ein Haus zu bauen. Die Erzieherinnen sollten ihnen dabei Tipps und Anregungen geben und ggf. Hilfestellung leisten (z. B. beim Ausschneiden der Fenster aus Karton oder beim Zuschneiden von Gardinen aus alten Stoffresten). Wenn die „Grundmauern“ stehen, sollten die einzelnen Teile mit Kleister oder Kleber befestigt werden. Damit die Fenster länger halten und nicht ausfransen, können sie mit Kreppklebeband versehen werden. Als Schornstein kann zum Beispiel eine Küchenrolle auf dem Dach befestigt werden. Aus aufgeschnittenen Papprollen können die Kinder noch eine Regenrinne basteln. Und natürlich kann das Haus durch weitere Gebäude (z. B. eine Garage für einen Puppenwagen oder ein Rutschauto) ergänzt werden.
Zum Schluss wird das Müll-Häuschen schön bemalt. Es kann auch noch eine Hausnummer und ein Namensschild (z. B. mit dem Namen der Kita-Gruppe) erhalten.

Bilder aus Papprollen (ab 3 Jahren)

Material:
leere Küchen- oder Toilettenpapierrollen, Wasser- oder Fingerfarben, evtl. Pinsel, Wasserbecher, Unterlagen, Malkittel, evtl. 1 Smartphone

Vorbereitung:
Jedes Kind erhält mehrere Papprollen und bemalt diese nach seinen eigenen Vorstellungen. Anschließend müssen die Papprollen gut trocknen.

Spielmöglichkeit:
1. Die Kinder bilden einen Sitzkreis. Ihre bemalten Papprollen liegen vor ihnen auf dem Boden.
2. Nun gibt die Erzieherin den Kindern bestimmte Dinge vor, die diese mit den Papprollen gemeinsam legen sollen, wie zum Beispiel ein Haus, ein Auto, einen Menschen, einen Baum o. Ä. Die Kinder müssen sich bei dieser Aufgabe gut untereinander abstimmen, damit ein großes gemeinsames Bild entsteht. Die gelegten Bilder können Sie zur Erinnerung für die Kinder fotografieren, ehe sie wieder für ein neues Bild in ihre Einzelteile zerlegt werden.

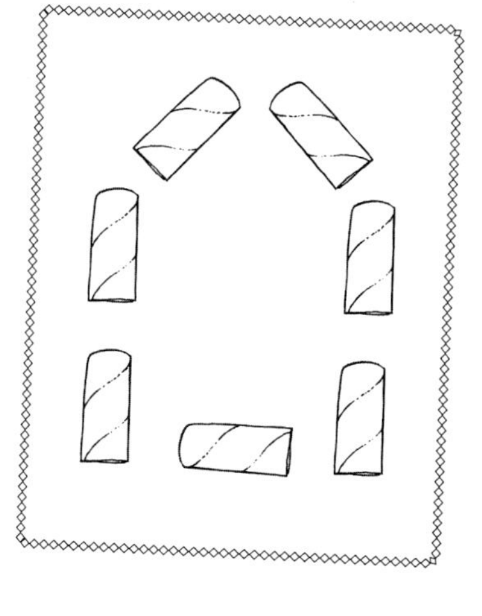